계산편

5분수학

 아침5분수학(계산편)의 소개

스스로 알아서 하는 아침5분수학으로 기운찬 하루를 보내자!!!
매일 아침, 아침 밥을 먹으면 하루를 건강하게 보낼 수 있습니다.
마찬가지로, 매일 아침 5분의 계산 연습은 기운찬 하루를 보내게해 줄 것입니다.
매일 아침의 훈련으로 공부에 눈을 뜨는 버릇이 몸에 배게 되어,
스스로 공부하는 습관이 생기게 됩니다.
읽는 습관과 쓰는 습관으로 하루를 계획하고,
준비해서 매일 아침을 상쾌하게 시작하세요.

아침5분수학(계산편)의 활용

1. 아침 학교 가기전 집에서 하루를 준비하세요.
2. 등교후 1교시 수업전 학교에서 풀고, 수업 준비를 완료하세요.
3. 수학시간 전 휴식시간에 수학 수업 준비 마무리용으로 활용 하세요.
4. 학년별 학기용으로 이해하기 쉬운 내용으로 구성되어 학기 시작전 예습용이나
   단기 복습용으로 활용하세요.
5. 계산력 연습용과 하루 일과 준비를 할 수 있는 이 교재로 몇달 후
   달라진 모습을 기대 하세요.

간다의 누룸표

있빨의 누룸표

에버드의 누룸표

운뉴의 누룸표

(이)가 룩아노배하!

용   프(웃)   나른

표 눔이가 몸 우웅이 YY 호이이!

HAPPY

목표를 향한 **나의 실천계획**

으싸 으싸!

💜 공부의 목표를 달성하기 위해

1.

2.

3.

할거예요.

🍎 예체능의 목표를 달성하기 위해

1.

2.

3.

할거예요.

🌱 생활의 목표를 달성하기 위해

1.

2.

3.

할거예요.

🐤 건강의 목표를 달성하기 위해

1.

2.

3.

할거예요.

 나의 목표를 꼼꼼히 세우고, 목표를 달성하기위해 노력해요^^

월
일정표

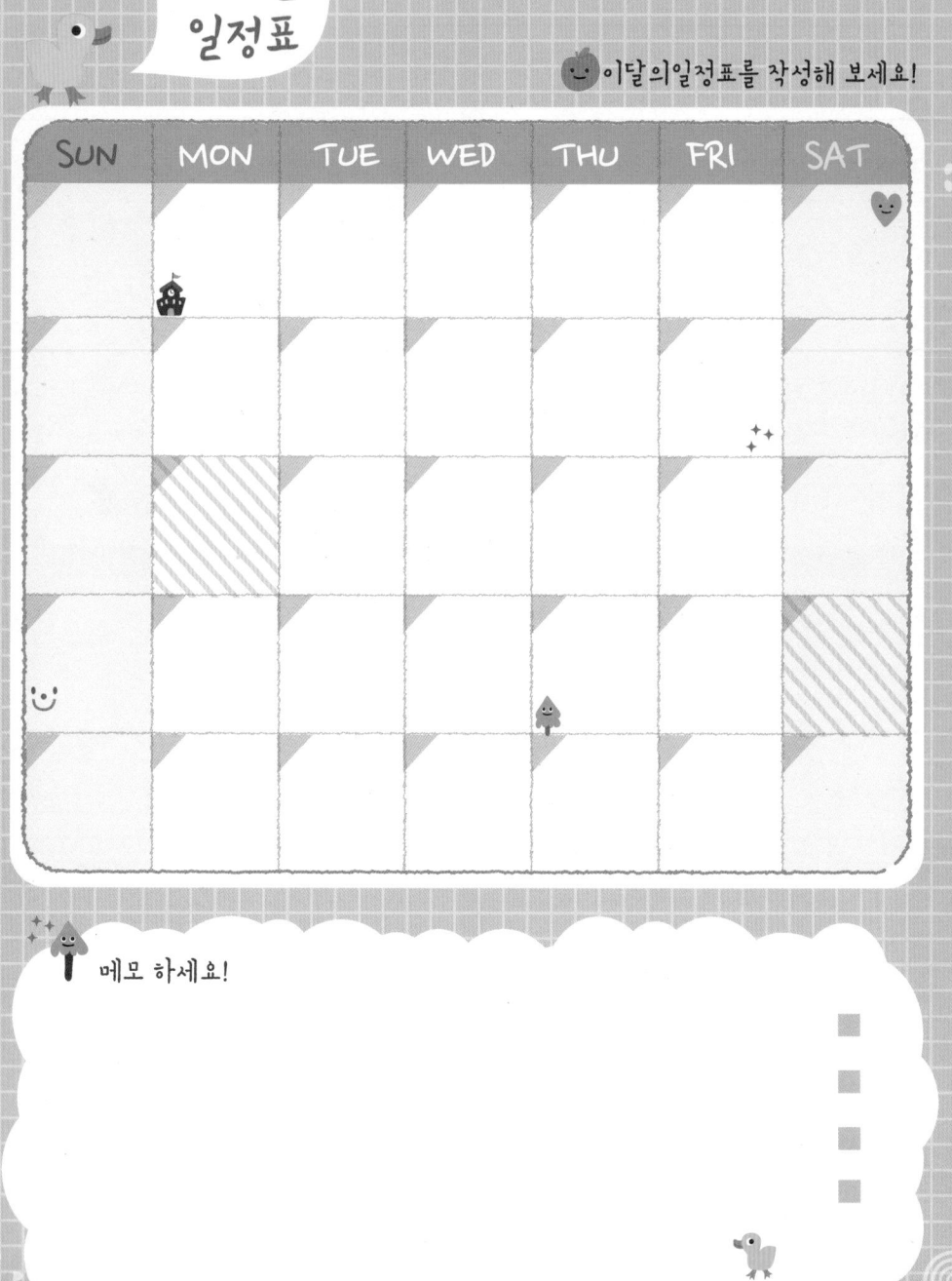

SUN	MON	TUE	WED	THU	FRI	SAT

메모 하세요!

HAPPY!

일주일 일기장

일요일 저녁에 적으세요.

[ ]월 [ ]일

재미있었던 과목	친하게 지낸 친구	하고 싶은 일	잘 못한 일

기억에 남는 일

다음주 각오

[ ]월 [ ]일

재미있었던 과목	친하게 지낸 친구	하고 싶은 일	잘 못한 일

기억에 남는 일

다음주 각오

[ ]월 [ ]일

재미있었던 과목	친하게 지낸 친구	하고 싶은 일	잘 못한 일

기억에 남는 일

다음주 각오

[ ]월 [ ]일

재미있었던 과목	친하게 지낸 친구	하고 싶은 일	잘 못한 일

기억에 남는 일

다음주 각오

HAPPY!

일주일 일기장

일요일 저녁에 적으세요.

[ ] 월 [ ] 일

재미있었던 과목	친하게 지낸 친구	하고 싶은 일	잘 못한 일

기억에 남는 일

다음주 각오

[ ] 월 [ ] 일

재미있었던 과목	친하게 지낸 친구	하고 싶은 일	잘 못한 일

기억에 남는 일

다음주 각오

[ ] 월 [ ] 일

재미있었던 과목	친하게 지낸 친구	하고 싶은 일	잘 못한 일

기억에 남는 일

다음주 각오

[ ] 월 [ ] 일

재미있었던 과목	친하게 지낸 친구	하고 싶은 일	잘 못한 일

기억에 남는 일

다음주 각오

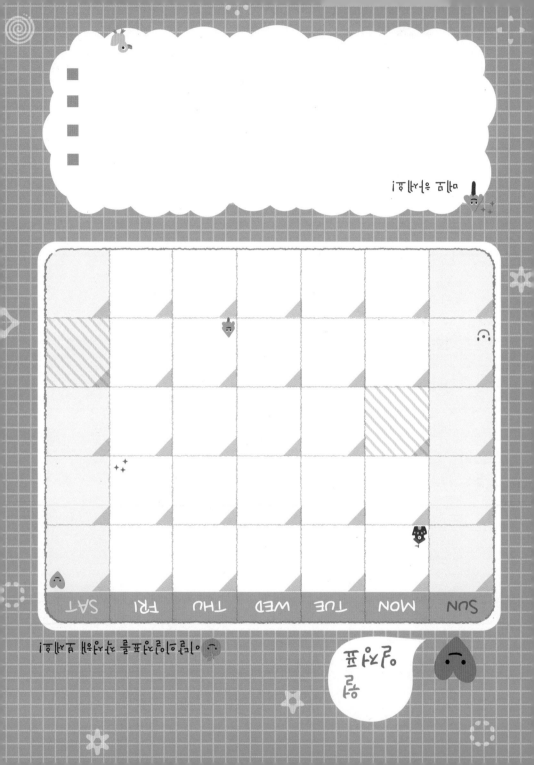

매일 웃어봐요!

이달의 다짐을 적어보아요!

SUN	MON	TUE	WED	THU	FRI	SAT

이달의 목표

이것만은 정말이루고말거야!

HAPPY!

일주일 일기장

일요일 저녁에 적으세요.

[ ]월 [ ]일

| 재미있었던 과목 | 친하게 지낸 친구 | 하고 싶은 일 | 잘 못한 일 |

기억에 남는 일

다음주 각오

[ ]월 [ ]일

| 재미있었던 과목 | 친하게 지낸 친구 | 하고 싶은 일 | 잘 못한 일 |

기억에 남는 일

다음주 각오

[ ]월 [ ]일

| 재미있었던 과목 | 친하게 지낸 친구 | 하고 싶은 일 | 잘 못한 일 |

기억에 남는 일

다음주 각오

[ ]월 [ ]일

| 재미있었던 과목 | 친하게 지낸 친구 | 하고 싶은 일 | 잘 못한 일 |

기억에 남는 일

다음주 각오

아침5분수학 (계산편)의 차례 6학년 2학기

(부록) 집중 계산력 연습 8회분

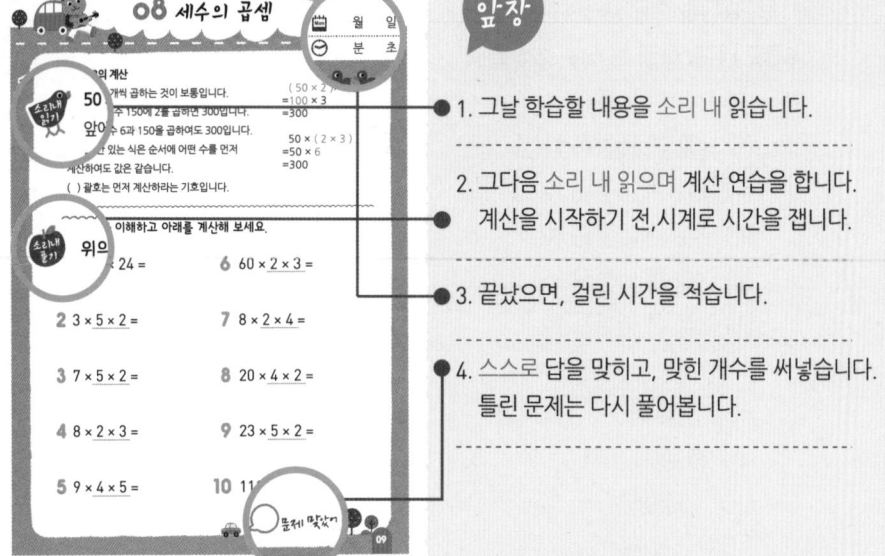

앞장

1. 그날 학습할 내용을 소리 내 읽습니다.

2. 그다음 소리 내 읽으며 계산 연습을 합니다.
   계산을 시작하기 전, 시계로 시간을 잽니다.

3. 끝났으면, 걸린 시간을 적습니다.

4. 스스로 답을 맞히고, 맞힌 개수를 써넣습니다.
   틀린 문제는 다시 풀어봅니다.

뒷장

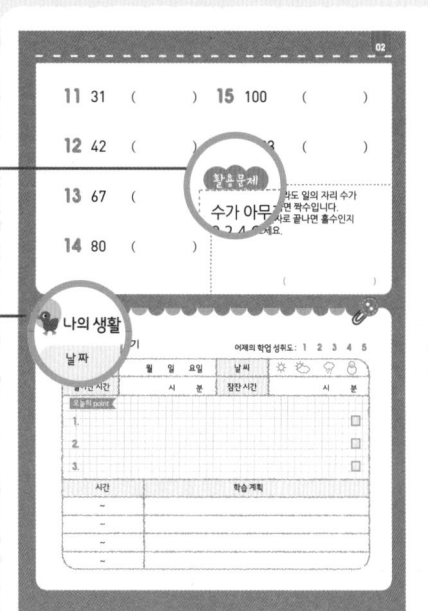

5. 다음 장에서는 확인문제와 활용문제로
   반복 학습을 합니다.

6. 나의 생활에 어제 잠잔 시간,
   학업의 성취도등을 체크하고,
   오늘해야 할 일을 정리하고 계획합니다.

7. 하루를 시작할 마음의 준비를 하고,
   하루를 계획한 대로 실천하도록 노력
   합니다.

Mon 월 일
분 초

 분수끼리의 곱셈은 분자끼리, 분모끼리 곱합니다. 아래를 계산하세요.

1 $\dfrac{1}{2} \times 4 =$

2 $6 \times \dfrac{1}{4} =$

3 $\dfrac{1}{3} \times \dfrac{3}{4} =$

4 $\dfrac{1}{6} \times \dfrac{1}{3} =$

5 $\dfrac{3}{5} \times \dfrac{5}{6} =$

6 $\dfrac{2}{7} \times \dfrac{3}{8} =$

7 $\dfrac{3}{10} \times \dfrac{4}{9} =$

8 $\dfrac{5}{12} \times \dfrac{9}{10} =$

9 $\dfrac{14}{21} \times \dfrac{18}{7} =$

10 $\dfrac{7}{20} \times \dfrac{30}{49} =$

11 $\dfrac{5}{24} \times \dfrac{21}{10} =$

12 $\dfrac{25}{48} \times \dfrac{32}{15} =$

13 $\dfrac{25}{36} \times \dfrac{24}{45} =$

14 $\dfrac{50}{9} \times \dfrac{45}{20} =$

15 $\dfrac{126}{81} \times \dfrac{27}{42} =$

16 $\dfrac{14}{27} \times \dfrac{135}{56} =$

17 $\dfrac{5}{9} \times \dfrac{9}{20} =$

21 $\dfrac{21}{22} \times \dfrac{11}{28} =$

18 $\dfrac{6}{7} \times \dfrac{1}{3} =$

22 $\dfrac{16}{27} \times \dfrac{9}{24} =$

19 $\dfrac{7}{12} \times \dfrac{9}{28} =$

23 $\dfrac{35}{36} \times \dfrac{28}{45} =$

20 $\dfrac{2}{15} \times \dfrac{3}{8} =$

24 $\dfrac{45}{56} \times \dfrac{14}{27} =$

 나의 생활 일기

잘했다고 생각되면 **5**점
어제의 학업 성취도 : **1　2　3　4　5**

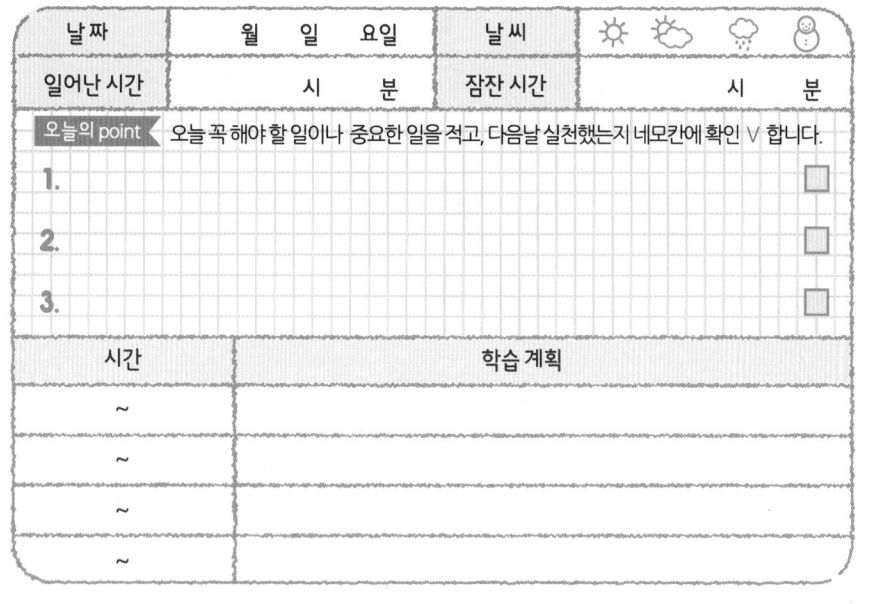

날짜	월　일　요일	날씨	☀ ⛅ 🌧 ⛄
일어난 시간	시　분	잠잔 시간	시　분

오늘의 point ◀	오늘 꼭 해야 할 일이나 중요한 일을 적고, 다음날 실천했는지 네모칸에 확인 V 합니다.	
1.		☐
2.		☐
3.		☐

시간	학습 계획
~	
~	
~	
~	

 소리내 풀기 분수의 나눗셈은 곱셈으로 고쳐 계산합니다. 아래를 계산하세요.

1 $\dfrac{1}{2} \div 4 =$

2 $6 \div \dfrac{3}{4} =$

3 $\dfrac{1}{3} \div \dfrac{3}{4} =$

4 $\dfrac{1}{6} \div \dfrac{1}{3} =$

5 $\dfrac{3}{5} \div \dfrac{5}{6} =$

6 $\dfrac{2}{7} \div \dfrac{4}{21} =$

7 $\dfrac{9}{10} \div \dfrac{2}{5} =$

8 $\dfrac{14}{15} \div \dfrac{7}{18} =$

9 $\dfrac{7}{20} \div \dfrac{21}{25} =$

10 $\dfrac{35}{24} \div \dfrac{25}{27} =$

11 $\dfrac{8}{25} \div \dfrac{24}{15} =$

12 $\dfrac{25}{49} \div \dfrac{15}{7} =$

13 $\dfrac{9}{50} \div \dfrac{27}{25} =$

14 $\dfrac{11}{108} \div \dfrac{55}{42} =$

🚗 **20**문제 중 ⬭ 문제 맞았기!

15 $\dfrac{5}{9} \div \dfrac{10}{27} =$

18 $\dfrac{21}{22} \div \dfrac{3}{4} =$

16 $\dfrac{6}{7} \div \dfrac{12}{35} =$

19 $\dfrac{16}{27} \div \dfrac{8}{9} =$

17 $\dfrac{7}{12} \div \dfrac{35}{36} =$

20 $\dfrac{35}{36} \div \dfrac{30}{51} =$

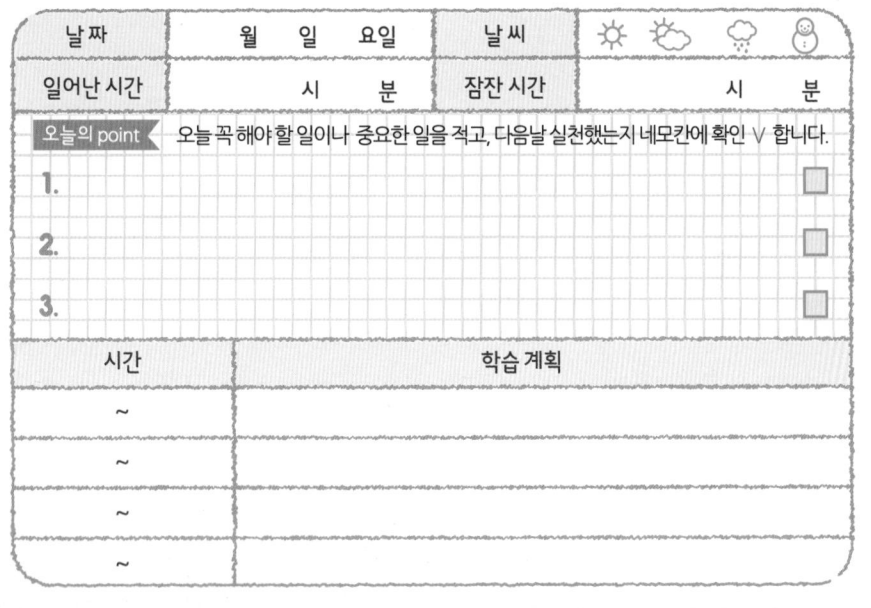

나의 생활 일기

잘했다고 생각되면 **5**점

어제의 학업 성취도 : **1** **2** **3** **4** **5**

날짜	월 일 요일	날씨	☼ ⛅ ☁ 🌧 ☃
일어난 시간	시 분	잠잔 시간	시 분

오늘의 point ▶ 오늘 꼭 해야 할 일이나 중요한 일을 적고, 다음날 실천했는지 네모칸에 확인 ∨ 합니다.

1. ☐

2. ☐

3. ☐

시간	학습 계획
~	
~	
~	
~	

03 분수의 혼합계산 (1)

소리내 읽기

×, ÷이 섞여있는 계산은 앞에서 부터 2개씩 계산하거나,

$$\frac{5}{8} \div \frac{3}{4} \times \frac{1}{5} = \frac{5}{8_2} \times \frac{4^1}{3} \times \frac{1}{5} = \frac{5^1}{6} \times \frac{1}{5_1} = \frac{1}{6}$$

나눗셈을 곱셈으로 고쳐 한꺼번에 계산합니다. (자연수의 혼합계산순서와 같습니다.)

$$\frac{5}{8} \div \frac{3}{4} \times \frac{1}{5} = \frac{5^1}{8_2} \times \frac{4^1}{3} \times \frac{1}{5_1} = \frac{1}{6}$$

소리내 풀기

나눗셈을 곱셈으로 고쳐 한번에 계산해 보세요.

1 $\dfrac{1}{4} \div \dfrac{2}{5} \times \dfrac{1}{5} =$

2 $\dfrac{5}{6} \div \dfrac{5}{2} \times \dfrac{3}{4} =$

3 $\dfrac{7}{12} \div \dfrac{6}{5} \times \dfrac{8}{9} =$

4 $\dfrac{1}{5} \times 2\dfrac{1}{2} \div \dfrac{6}{7} =$

5 $\dfrac{1}{7} \times \dfrac{1}{2} \div \dfrac{1}{4} =$

6 $\dfrac{3}{14} \times 1\dfrac{1}{5} \div \dfrac{3}{5} =$

7 $1\dfrac{2}{3} \times \dfrac{9}{10} \div \dfrac{3}{8} =$

8 $1\dfrac{1}{5} \div \dfrac{3}{4} \div \dfrac{8}{15} =$

9 $\dfrac{1}{4} \div \dfrac{15}{28} \times 2\dfrac{1}{7} =$

10 $\dfrac{4}{7} \div \dfrac{1}{5} \div 2\dfrac{6}{7} =$

 나의 생활 일기

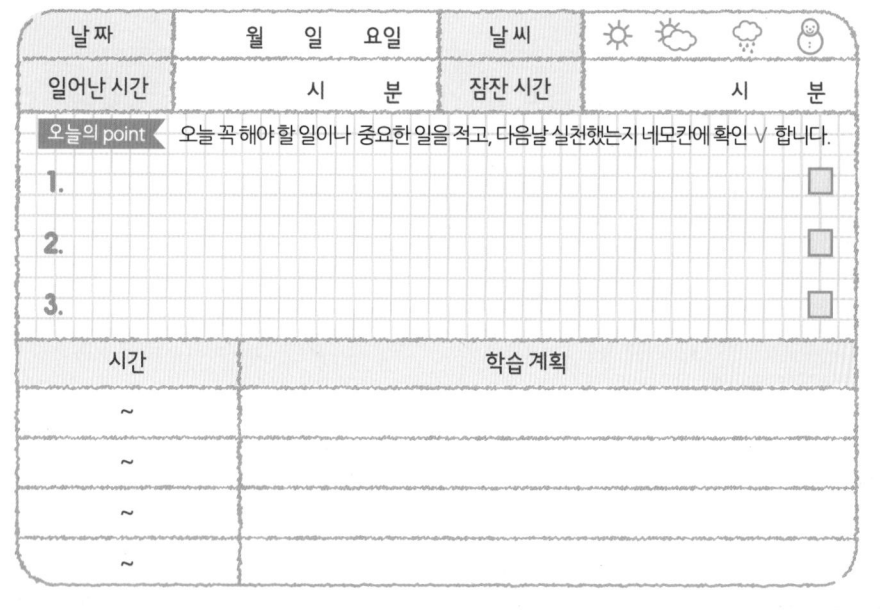

날짜	월 일 요일	날씨	☼ ⛅ ☁ ☃
일어난 시간	시 분	잠잔 시간	시 분

오늘의 point ◀ 오늘 꼭 해야 할 일이나 중요한 일을 적고, 다음날 실천했는지 네모칸에 확인 V 합니다.

1. ☐

2. ☐

3. ☐

시간	학습 계획
~	
~	
~	
~	

 ×, ÷, +, − 이 섞여있는 계산은 ×, ÷을 먼저 계산하고 +, −을 계산합니다.

$$\frac{5}{8} + \frac{9}{16} \div \frac{3}{4} = \frac{5}{8} + \frac{\overset{3}{9}}{\underset{4}{16}} \times \frac{\overset{1}{4}}{\underset{1}{3}} = \frac{5}{8} + \frac{3}{4} = \frac{5}{8} + \frac{6}{8} = \frac{11}{8} = 1\frac{3}{8}$$

② ①

(분수의 혼합계산도 자연수의 혼합계산과
계산순서가 같습니다.)

 아래 문제를 풀어보세요.

1 $\dfrac{1}{4} + \dfrac{1}{5} \div \dfrac{4}{5} =$

2 $\dfrac{5}{6} - \dfrac{1}{2} \div \dfrac{3}{4} =$

3 $\dfrac{7}{12} + \dfrac{1}{3} \times 1\dfrac{1}{4} =$

4 $\dfrac{2}{3} + \dfrac{5}{6} \div 2\dfrac{1}{2} =$

5 $\dfrac{13}{14} - \dfrac{2}{7} \div \dfrac{2}{5} =$

6 $\dfrac{3}{16} + 1\dfrac{1}{4} \times \dfrac{7}{20} =$

10문제 중 　 문제 맞혔기!

7 $1\dfrac{2}{3} \times \dfrac{3}{10} + \dfrac{3}{8} =$

8 $4\dfrac{1}{3} - \dfrac{3}{4} \div \dfrac{9}{26} =$

9 $\dfrac{3}{4} - \dfrac{15}{28} \div 2\dfrac{1}{7} =$

10 $\dfrac{2}{3} + \dfrac{7}{12} \times 1\dfrac{3}{7} =$

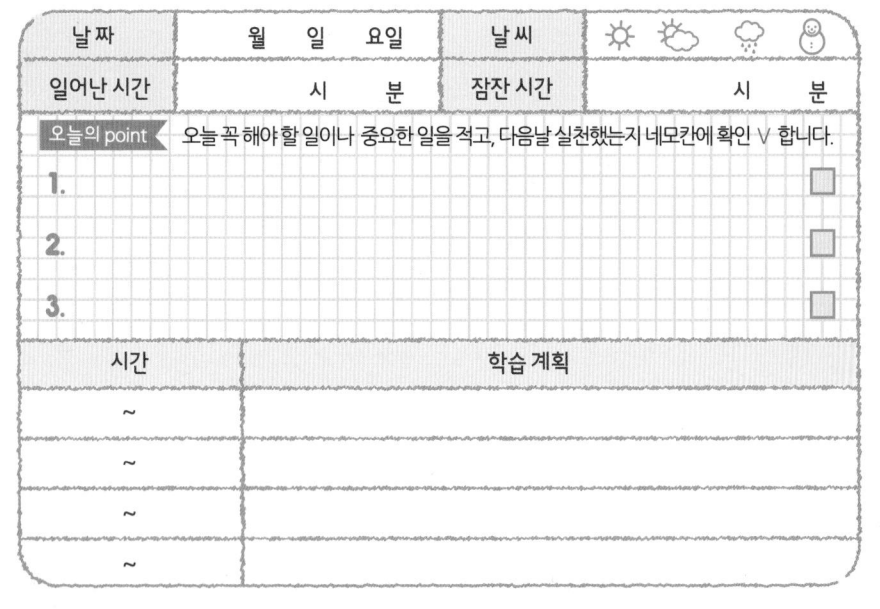

나의 생활 일기

날짜	월 일 요일	날씨	☀ ☁ 🌧 ⛄
일어난 시간	시 분	잠잔 시간	시 분

오늘의 point ▶ 오늘 꼭 해야 할 일이나 중요한 일을 적고, 다음날 실천했는지 네모칸에 확인 V 합니다.

1. ☐
2. ☐
3. ☐

시간	학습 계획
~	
~	
~	
~	

05 분수의 혼합계산(3)

소리내
읽기

( ) 괄호를 가장 먼저 계산하고 ×, ÷와 +, −를 계산합니다.

$$(\frac{5}{8} + \frac{15}{16}) \div \frac{5}{8} = (\frac{10}{16} + \frac{15}{16}) \div \frac{5}{8} = \frac{25^5}{16_2} \times \frac{8^1}{5_1} = \frac{5}{2} = 2\frac{1}{2}$$

① ②

모든 계산은 괄호를 가장 먼저 계산합니다.
괄호안에서도 ×, ÷ 를 먼저 계산하고, +, −를
나중에 계산합니다.

소리내
풀기

아래 문제를 풀어보세요.

1 $(\frac{1}{4} + \frac{1}{5}) \div \frac{3}{5} =$

2 $(\frac{5}{6} - \frac{1}{2}) \div \frac{2}{3} =$

3 $(\frac{7}{12} + \frac{1}{3}) \times 2\frac{1}{4} =$

4 $(\frac{2}{3} + \frac{5}{6}) \div 2\frac{1}{2} =$

5 $(\frac{13}{14} - \frac{2}{7}) \div \frac{15}{28} =$

6 $(\frac{3}{16} + 1\frac{1}{4}) \times \frac{4}{5} =$

10문제 중 ◯문제 맞았어!

7 $3\dfrac{3}{4} \times (\dfrac{3}{10} + \dfrac{1}{2}) =$

8 $(4\dfrac{1}{3} - \dfrac{5}{6}) \div 1\dfrac{1}{8} =$

9 $(\dfrac{1}{4} + \dfrac{7}{12}) \div 1\dfrac{1}{4} =$

10 $(\dfrac{15}{16} - \dfrac{7}{8}) \times 1\dfrac{1}{7} =$

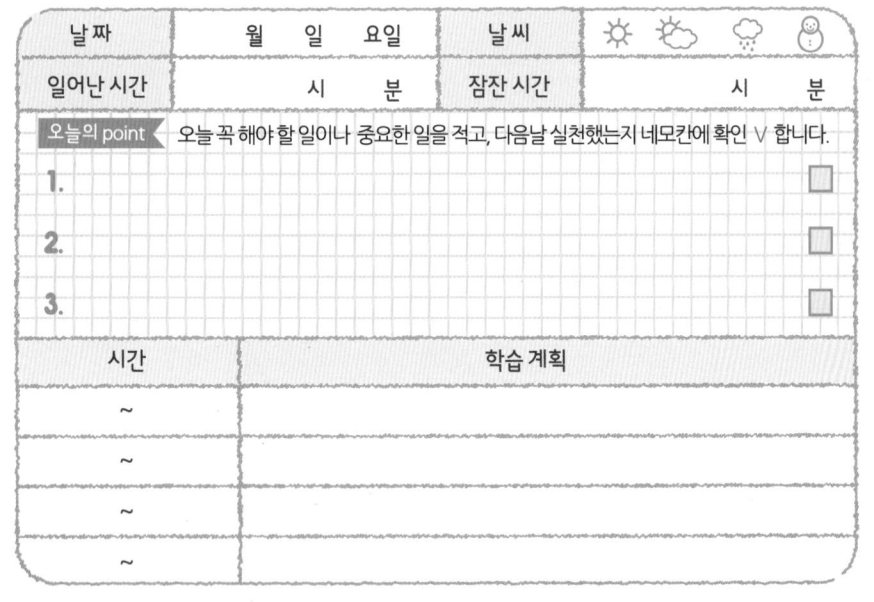

🐤 **나의 생활 일기**

잠했다고 생각되면 **5**점
어제의 학업 성취도 : 1 2 3 4 5

날짜	월 일 요일	날 씨	☀ ☁ 🌧 ⛄
일어난 시간	시 분	잠잔 시간	시 분

오늘의 point ◀ 오늘 꼭 해야 할 일이나 중요한 일을 적고, 다음날 실천했는지 네모칸에 확인 ∨ 합니다.

1. ☐

2. ☐

3. ☐

시간	학습 계획
~	
~	
~	
~	

분수를 소수로 고쳐 계산합니다.
분수를 소수로 고친후, 소수끼리의 나눗셈으로 계산합니다.

$$0.4 \div \frac{1}{2} = 0.4 \div \frac{1 \times 5}{2 \times 5} = 0.4 \div \frac{5}{10} = 0.4 \div 0.5 = 4 \div 5 = 0.8$$

분수를 소수로 고칩니다.
(1÷2=0.5로 바로 고쳐도 됩니다.)

나누는 수가 자연수가 되도록 두수에
10이나 100을 곱하여 계산합니다.

아래 문제의 분수를 소수로 고쳐서 계산하고, 답도 소수로 적으세요.

1 $1.5 \div \dfrac{3}{5} = 1.5 \div \dfrac{\boxed{}}{10} = 1.5 \div \boxed{} = 15 \div \boxed{} = \boxed{}$

2 $2.3 \div \dfrac{1}{20} = 2.3 \div \dfrac{\boxed{}}{100} = 2.3 \div \boxed{} = 230 \div \boxed{} = \boxed{}$

3 $1.8 \div \dfrac{2}{25} = 1.8 \div \dfrac{\boxed{}}{100} = 1.8 \div \boxed{} = 180 \div \boxed{} = \boxed{}$

4 $3.6 \div \dfrac{9}{10} =$

5 $0.7 \div \dfrac{1}{5} =$

6 $1.2 \div \dfrac{3}{4} =$

10문제 중 ◯ 문제 맞았기!

7 $0.8 \div \dfrac{1}{2} =$

8 $2.1 \div \dfrac{21}{50} =$

9 $1.5 \div \dfrac{3}{5} =$

10 $0.3 \div \dfrac{1}{4} =$

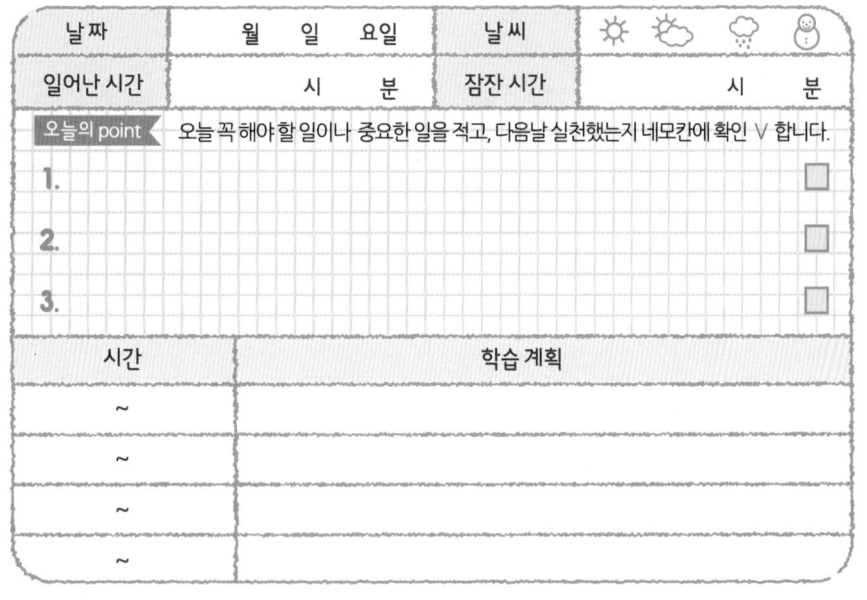

나의 생활 일기

잘했다고 생각되면 **5**점
어제의 학업 성취도 : **1** **2** **3** **4** **5**

날짜	월 일 요일	날 씨	☀ ⛅ 🌧 ⛄
일어난 시간	시 분	잠잔 시간	시 분

오늘의 point ◀ 오늘 꼭 해야 할 일이나 중요한 일을 적고, 다음날 실천했는지 네모칸에 확인 ∨ 합니다.

1. ☐

2. ☐

3. ☐

시간	학습 계획
~	
~	
~	
~	

07 소수÷진분수(연습1)

아래 문제의 분수를 소수로 고쳐서 계산하고, 답도 소수로 나타내세요.

1 $0.7 \div \dfrac{1}{2} =$

5 $0.7 \div \dfrac{7}{20} =$

2 $0.6 \div \dfrac{1}{4} =$

6 $2.4 \div \dfrac{12}{25} =$

3 $0.4 \div \dfrac{4}{5} =$

7 $0.6 \div \dfrac{3}{40} =$

4 $1.2 \div \dfrac{3}{10} =$

8 $4.5 \div \dfrac{3}{5} =$

🚗 12문제 중 💬 문제 맞았어!

9 $0.25 \div \dfrac{1}{2} =$

11 $2.1 \div \dfrac{21}{50} =$

10 $0.35 \div \dfrac{7}{40} =$

12 $0.45 \div \dfrac{3}{8} =$

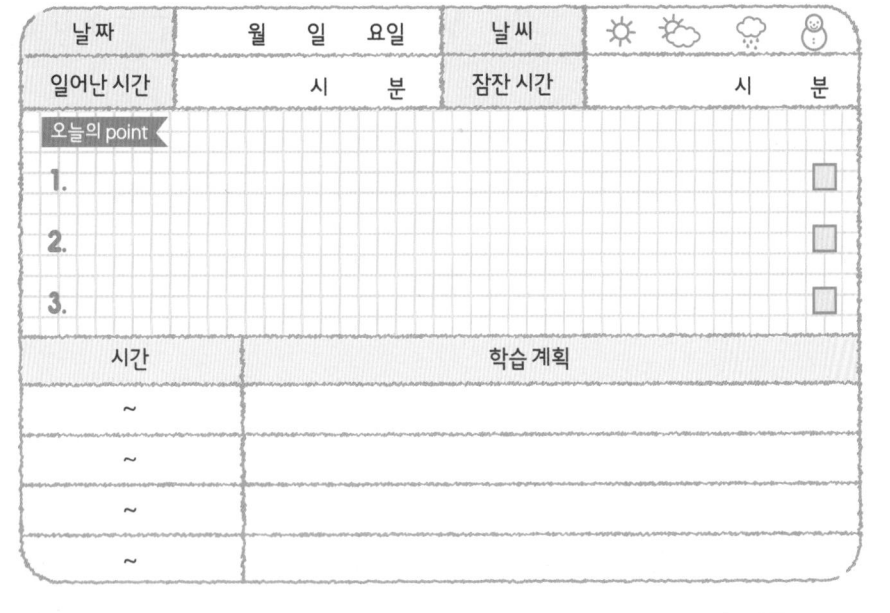

나의 생활 일기

어제의 학업 성취도 : 1 2 3 4 5

날짜	월 일 요일	날씨	☀ ⛅ ☁ ⛄
일어난 시간	시 분	잠잔 시간	시 분

오늘의 point

1. ☐

2. ☐

3. ☐

시간	학습 계획
~	
~	
~	
~	

소리내
읽기

소수를 분수로 고쳐 계산합니다.

소수를 분수로 고친후, 분수끼리의 나눗셈으로 계산합니다.

$$0.4 \div \frac{1}{2} = \frac{4}{10} \div \frac{1}{2} = \frac{4}{\cancel{10}_5} \times \frac{\cancel{2}^{1}}{1} = \frac{4}{5} \quad (=0.8)$$

소수를 분수로 고쳐 계산합니다.
(소수1자리수 = 분모10)

기약분수나 기약분수가
있는 대분수로 나타냅니다.

답을 소수로 고치면
0.8이 되어, 분수를
소수로 고쳐서 계산한
것과 답이 같습니다.

소리내
풀기

아래 문제의 소수를 분수로 고쳐서 계산하고, 답도 분수로 적으세요.

1 $1.5 \div \dfrac{3}{5} = \dfrac{\square}{10} \div \dfrac{3}{5} = \dfrac{\square}{10} \times \dfrac{\square}{\square} = \dfrac{\square}{\square} = $

2 $2.3 \div \dfrac{1}{20} = \dfrac{\square}{10} \div \dfrac{1}{20} = \dfrac{\square}{10} \times \dfrac{\square}{\square} = \dfrac{\square}{\square} = $

3 $1.8 \div \dfrac{2}{25} = \dfrac{\square}{10} \div \dfrac{2}{25} = \dfrac{\square}{10} \times \dfrac{\square}{\square} = \dfrac{\square}{\square} = $

4 $2.1 \div \dfrac{7}{12} = $

5 $1.4 \div \dfrac{2}{5} = $

6 $2.1 \div \dfrac{3}{4} = $

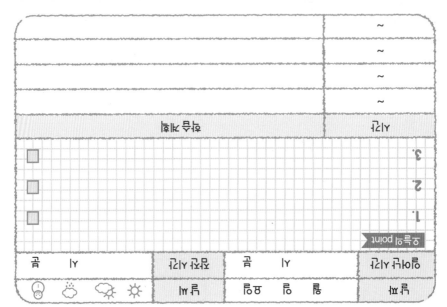

나의 생활 일기   어제의 하루 만족도: 1 2 3 4 5

날짜	월	일	요일	날씨	☀ ☁ ☂ ☺
일어난 시간	시	분	잠잔 시간	시	분

오늘의 point
1. ☐
2. ☐
3. ☐

시간	학습 계획
	~
	~
	~
	~

7 $2.7 \div \dfrac{3}{4} =$

8 $1.4 \div \dfrac{7}{12} =$

9 $0.25 \div \dfrac{5}{16} =$

10 $1.5 \div \dfrac{9}{14} =$

09 소수÷진분수(연습2)

소리내
풀기

아래 문제의 소수를 분수로 고쳐서 계산하고, 답도 분수로 적으세요.

1 $0.9 \div \dfrac{1}{2} =$

5 $1.5 \div \dfrac{9}{20} =$

2 $0.8 \div \dfrac{1}{4} =$

6 $0.8 \div \dfrac{12}{25} =$

3 $2.4 \div \dfrac{4}{5} =$

7 $1.8 \div \dfrac{7}{50} =$

4 $3.3 \div \dfrac{9}{10} =$

8 $0.6 \div \dfrac{27}{125} =$

9 $0.25 \div \dfrac{7}{8} =$

11 $2.1 \div \dfrac{9}{25} =$

10 $1.25 \div \dfrac{7}{12} =$

12 $0.75 \div \dfrac{5}{7} =$

나의 생활 일기

어제의 학업 성취도 : 1 2 3 4 5

날짜	월 일 요일	날씨	☀ ⛅ ☂ ⛄
일어난 시간	시 분	잠잔 시간	시 분

오늘의 point

1. ☐

2. ☐

3. ☐

시간	학습 계획
~	
~	
~	
~	

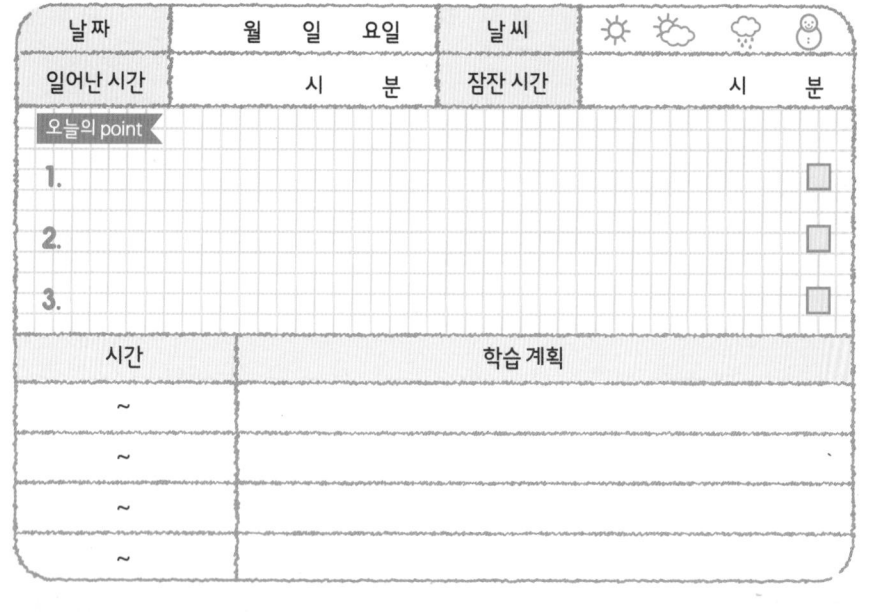

10 소수 ÷ 대분수

소리내
읽기

분수를 소수로 고쳐 계산합니다.

$$0.6 \div 1\frac{1}{2} = 0.6 \div \frac{3 \times 5}{2 \times 5} = 0.6 \div \frac{15}{10} = 0.6 \div 1.5 = 6 \div 15 = 0.4$$

소수를 분수로 고쳐 계산합니다.

$$0.6 \div 1\frac{1}{2} = \frac{6}{10} \div \frac{3}{2} = \frac{6^2}{10_5} \times \frac{2^1}{3_1} = \frac{2}{5}$$

(소수로는 0.4로
답이 같습니다.)

소리내
풀기

아래 문제의 분수를 소수로 고쳐서 계산하고, 답도 소수로 적으세요.

1 $1.2 \div 2\frac{2}{5} = 1.2 \div \dfrac{\boxed{}}{10} = 1.2 \div \boxed{} = 12 \div \boxed{} = \boxed{}$

2 $1.8 \div 2\frac{1}{4} = 1.8 \div \dfrac{\boxed{}}{100} = 1.8 \div \boxed{} = 180 \div \boxed{} = \boxed{}$

3 $0.7 \div 3\frac{1}{2} = 0.7 \div \dfrac{\boxed{}}{100} = 0.7 \div \boxed{} = 70 \div \boxed{} = \boxed{}$

4 $1.4 \div 3\frac{1}{2} =$

5 $2.3 \div 1\frac{3}{20} =$

6 $0.8 \div 1\frac{3}{5} =$

10문제 중 ◯ 문제 맞았어!

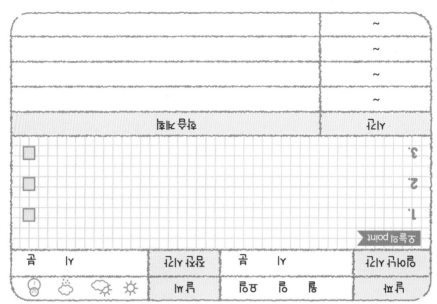

나의 생활 일기

오늘의 하루 점수 : 1 2 3 4 5

날짜	월 일 요일	날씨	☀ ☁ ☂ ☃
일어난 시간	시 분	잠잔 시간	시 분

> 오늘의 point

1. ☐
2. ☐
3. ☐

시기	하루 계획
~	
~	
~	
~	

---

7 1.2 ÷ 1 $\frac{1}{2}$ =

8 0.7 ÷ 1 $\frac{2}{5}$ =

9 0.9 ÷ 2 $\frac{1}{4}$ =

10 2.6 ÷ 1 $\frac{3}{10}$ =

소리내
풀기
아래 문제의 소수를 분수로 고쳐서 계산하고, 답도 분수로 적으세요.

1 $1.2 \div 1\dfrac{1}{2} =$

5 $4.2 \div 1\dfrac{1}{2} =$

2 $4.5 \div 2\dfrac{1}{4} =$

6 $1.7 \div 2\dfrac{1}{25} =$

3 $0.9 \div 1\dfrac{4}{5} =$

7 $3.1 \div 2\dfrac{3}{14} =$

4 $5.4 \div 2\dfrac{7}{10} =$

8 $2.1 \div 1\dfrac{5}{16} =$

12문제 중 ◯ 문제 맞았어!

9 $0.18 \div 1\frac{1}{2} =$

11 $1.44 \div 2\frac{2}{35} =$

10 $0.72 \div 2\frac{1}{40} =$

12 $2.25 \div 3\frac{1}{8} =$

나의 생활 일기

어제의 학업 성취도 : **1 2 3 4 5**

날짜	월 일 요일	날씨	☀ ⛅ ☔ ⛄
일어난 시간	시 분	잠잔 시간	시 분

오늘의 point

1. ☐

2. ☐

3. ☐

시간	학습 계획
~	
~	
~	
~	

소리내
읽기

분수를 **소수**로 고쳐 계산합니다.

$$\frac{4}{5} \div 0.5 = \frac{4\times2}{5\times2} \div 0.5 = \frac{8}{10} \div 0.5 = 0.8 \div 0.5 = 8 \div 5 = 1.6$$

소수를 **분수**로 고쳐 계산합니다.

$$\frac{4}{5} \div 0.5 = \frac{4}{5} \div \frac{5}{10} = \frac{4}{5_1} \times \frac{10^2}{5} = \frac{8}{5} = 1\frac{3}{5}$$

(소수로는 1.6으로
답이 같습니다.)

소리내
풀기

아래 문제의 분수를 소수로 고쳐서 계산하고, 답도 소수로 적으세요.

1 $\dfrac{1}{5} \div 0.4 = \dfrac{\boxed{}}{10} \div 0.4 = \boxed{} \div 0.4 = \boxed{} \div 4 = \boxed{}$

2 $\dfrac{3}{4} \div 2.5 = \dfrac{\boxed{}}{100} \div 2.5 = \boxed{} \div 2.5 = \boxed{} \div 250 = \boxed{}$

3 $\dfrac{6}{25} \div 1.2 = \dfrac{\boxed{}}{100} \div 1.2 = \boxed{} \div 1.2 = \boxed{} \div 120 = \boxed{}$

4 $\dfrac{1}{2} \div 2.5 =$

5 $\dfrac{1}{4} \div 0.5 =$

6 $\dfrac{3}{5} \div 1.2 =$

10문제 중 ◯문제 맞았어!

7 $\dfrac{1}{2} \div 0.5 =$

8 $\dfrac{21}{50} \div 4.2 =$

9 $\dfrac{9}{20} \div 0.5 =$

10 $\dfrac{3}{10} \div 1.5 =$

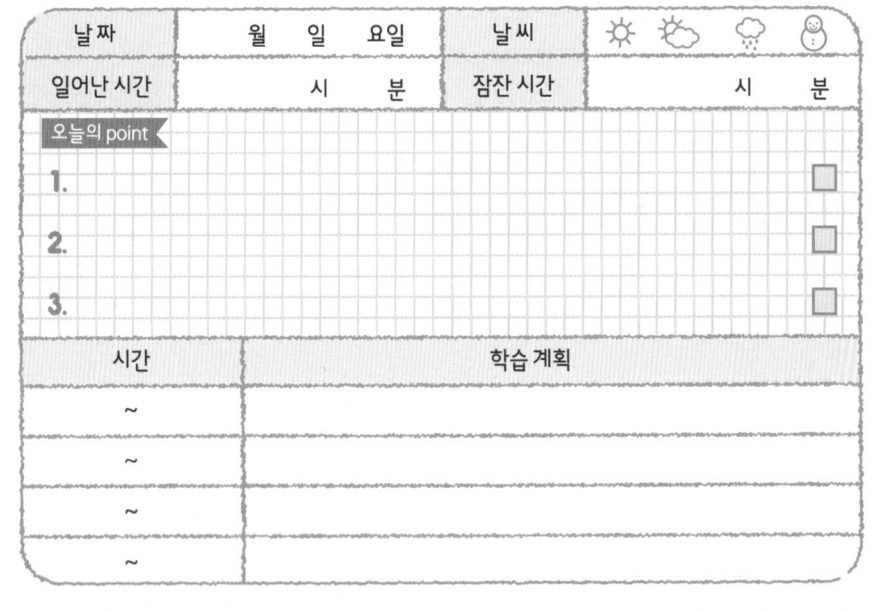

나의 생활 일기

어제의 학업 성취도 : 1 2 3 4 5

날짜	월 일 요일	날씨	☀ ☁ ☂ ☃
일어난 시간	시 분	잠잔 시간	시 분

오늘의 point

1. ☐

2. ☐

3. ☐

시간	학습 계획
~	
~	
~	
~	

 아래 문제의 소수를 분수로 고쳐서 계산하고, 답도 분수로 적으세요.

1 $\dfrac{1}{2} \div 0.4 =$

5 $\dfrac{7}{20} \div 4.2 =$

2 $\dfrac{1}{4} \div 0.7 =$

6 $\dfrac{8}{25} \div 0.5 =$

3 $\dfrac{4}{5} \div 2.3 =$

7 $\dfrac{7}{50} \div 3.5 =$

4 $\dfrac{3}{10} \div 1.8 =$

8 $\dfrac{3}{125} \div 1.4 =$

12문제 중 ◯ 문제 맞혔어!

37

9 $1\frac{1}{2} \div 0.2 =$

10 $\frac{7}{40} \div 1.5 =$

11 $\frac{21}{50} \div 2.1 =$

12 $\frac{3}{8} \div 2.4 =$

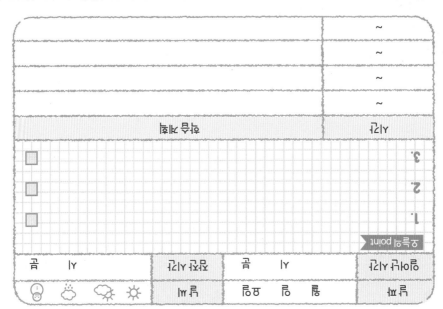

나의 생활 일기

어제의 하루 성취도 : 1 2 3 4 5

날짜	월 일 요일	날씨	☀ ☁ ☁ ☺
일어난 시간	시 분	잠잔 시간	시 분

오늘의 point

1. □
2. □
3. □

시간	하루 계획
	~
	~
	~
	~

14 대분수 ÷ 소수

분수를 소수로 고쳐 계산합니다.

$$1\frac{4}{5} \div 1.5 = \frac{9\times2}{5\times2} \div 1.5 = \frac{18}{10} \div 1.5 = 1.8 \div 1.5 = 18 \div 15 = 1.2$$

소수를 분수로 고쳐 계산합니다.

$$1\frac{4}{5} \div 1.5 = \frac{9}{5} \div \frac{15}{10} = \frac{9^3}{5_1} \times \frac{10^2}{15_5} = \frac{6}{5} = 1\frac{1}{5}$$

(소수로는 1.2로 답이 같습니다.)

아래 문제의 분수를 소수로 고쳐서 계산하고, 답도 소수로 적으세요.

1 $2\frac{2}{5} \div 2.4 = \dfrac{\boxed{}}{10} \div 2.4 = \boxed{} \div 2.4 = \boxed{} \div 24 = \boxed{}$

2 $1\frac{1}{4} \div 2.5 = \dfrac{\boxed{}}{100} \div 2.5 = \boxed{} \div 2.5 = \boxed{} \div 250 = \boxed{}$

3 $1\frac{2}{25} \div 1.2 = \dfrac{\boxed{}}{100} \div 1.2 = \boxed{} \div 1.2 = \boxed{} \div 120 = \boxed{}$

4 $3\frac{1}{2} \div 0.5 =$

5 $1\frac{3}{10} \div 1.3 =$

6 $1\frac{2}{5} \div 2.8 =$

나의 생활 일기

아래의 하루 상태도 : 1 2 3 4 5

날짜	월 일 요일	날씨	☀ ☁ ☂ ☺
일어난 시간	시 분	잠잔 시간	시 분

오늘의 point

1. □
2. □
3. □

시간	하루 계획
~	
~	
~	
~	

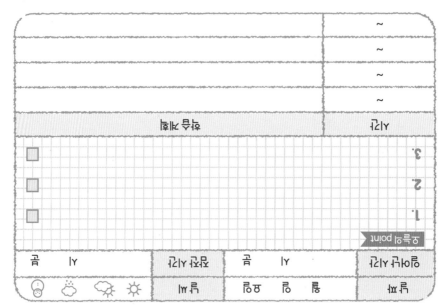

7 $1\frac{1}{2} \div 0.6 =$

8 $2\frac{1}{5} \div 4.4 =$

9 $1\frac{9}{40} \div 2.5 =$

10 $2\frac{7}{10} \div 2.7 =$

15 대분수 ÷ 소수 (연습)

아래 문제의 소수를 분수로 고쳐서 계산하고, 답도 분수로 적으세요.

1 $1\frac{1}{2} \div 0.6 =$

5 $1\frac{7}{20} \div 1.2 =$

2 $2\frac{1}{4} \div 2.7 =$

6 $2\frac{1}{25} \div 1.7 =$

3 $1\frac{4}{5} \div 1.4 =$

7 $2\frac{3}{14} \div 3.1 =$

4 $3\frac{3}{7} \div 2.4 =$

8 $1\frac{5}{16} \div 0.7 =$

12 문제 중 ◯ 문제 맞았어!

41

9 $1\frac{1}{2} \div 0.18 =$

11 $2\frac{2}{35} \div 1.44 =$

10 $2\frac{1}{40} \div 0.72 =$

12 $3\frac{1}{8} \div 2.25 =$

 나의 생활 일기

어제의 하루 만족도 : 1 2 3 4 5

날짜	월 일 요일	날씨	☀ ☁ ☂ ☺
일어난 시간	시 분	잠잔 시간	시 분

오늘의 point

1. ☐
2. ☐
3. ☐

시간	하루 계획
~	
~	
~	
~	

16 분수와 소수의 혼합계산 (1)

×, ÷이 섞여있는 계산은 (분수나 소수로 통일하여) 앞에서 부터 2개씩 계산하거나,

$$\frac{4}{5} \div 0.5 \times \frac{3}{4} = \underline{0.8 \div 0.5} \times 0.75 = \underline{1.6 \times 0.75} = 1.2$$

(곱셈으로 고쳐) 한꺼번에 계산합니다. (자연수의 혼합계산순서와 같습니다.)

$$\frac{4}{5} \div 0.5 \times \frac{3}{4} = \frac{4}{5} \div \frac{5}{10} \times \frac{3}{4} = \frac{\cancel{4}^{1}}{5_{1}} \times \frac{\cancel{10}^{2}}{5} \times \frac{3}{\cancel{4}_{1}} = \frac{6}{5} = 1\frac{1}{5} \quad (=1.2)$$

아래 문제의 소수를 분수로 고쳐서 계산하고, 답도 분수로 적으세요.

1 $\frac{1}{4} \div 0.4 \times \frac{1}{5} =$

2 $\frac{5}{6} \div 2.5 \times \frac{3}{4} =$

3 $\frac{3}{4} \div 1.2 \times \frac{8}{9} =$

4 $\frac{1}{5} \times 2.5 \div \frac{6}{7} =$

5 $\frac{1}{7} \times 0.5 \div \frac{1}{4} =$

6 $\frac{3}{14} \times 1.2 \div \frac{3}{5} =$

10문제 중 ⃝ 문제 맞았어!

7 $1.8 \div \dfrac{3}{4} \div \dfrac{4}{5} =$

8 $2.1 \times \dfrac{5}{7} \times \dfrac{7}{18} =$

9 $\dfrac{14}{15} \div \dfrac{8}{25} \div 0.5 =$

10 $\dfrac{5}{16} \times \dfrac{8}{15} \times 1.5 =$

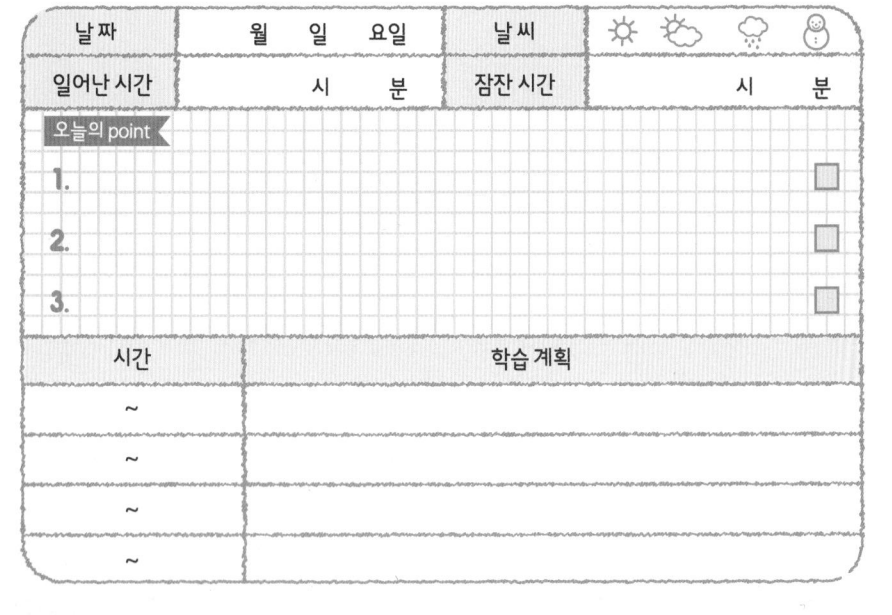

나의 생활 일기

어제의 학업 성취도 : **1 2 3 4 5**

날짜		월 일 요일	날씨	☼ ☁ ☂ ☃
일어난 시간		시 분	잠잔 시간	시 분

오늘의 point

1. ☐

2. ☐

3. ☐

시간	학습 계획
~	
~	
~	
~	

아래 문제의 소수를 분수로 고쳐서 계산하고, 답도 분수로 적으세요.

1 $0.9 \div \dfrac{1}{2} \times \dfrac{3}{4} =$

5 $\dfrac{7}{12} \times 0.5 \div \dfrac{5}{16} =$

2 $1.8 \div \dfrac{1}{4} \times \dfrac{4}{5} =$

6 $\dfrac{9}{25} \times 2.8 \div \dfrac{14}{15} =$

3 $0.6 \div \dfrac{2}{3} \times \dfrac{5}{12} =$

7 $\dfrac{5}{13} \times 1.3 \div \dfrac{21}{40} =$

4 $1.5 \div \dfrac{3}{10} \times \dfrac{5}{6} =$

8 $\dfrac{12}{25} \times 0.9 \div \dfrac{24}{25} =$

12 문제 중 ◯ 문제 맞았어!

9 $1.8 \div \dfrac{5}{6} \div \dfrac{27}{35} =$

11 $2.7 \times \dfrac{4}{9} \times \dfrac{3}{16} =$

10 $\dfrac{15}{16} \div \dfrac{5}{8} \div 4.5 =$

12 $\dfrac{25}{27} \times \dfrac{9}{10} \times 1.5 =$

 나의 생활 일기

어제의 학업 성취도 : **1 2 3 4 5**

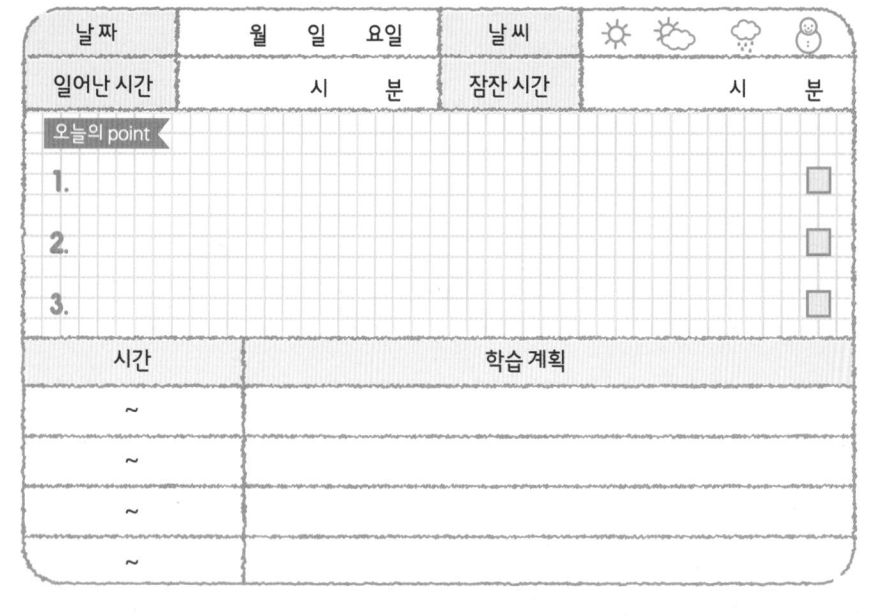

날짜	월 일 요일	날 씨	☀ ⛅ 🌧 ⛄
일어난 시간	시 분	잠잔 시간	시 분

오늘의 point

1. ☐

2. ☐

3. ☐

시간	학습 계획
~	
~	
~	
~	

×, ÷, +, − 이 섞여있는 계산은 ×, ÷을 먼저 계산하고 +, −을 계산합니다.

$$\frac{5}{8}+\frac{9}{16}\div 0.3=\frac{5}{8}+\frac{9}{16}\div\frac{3}{10}=\frac{5}{8}+\frac{\overset{3}{\cancel{9}}}{\underset{8}{\cancel{16}}}\times\frac{\overset{5}{\cancel{10}}}{\underset{1}{\cancel{3}}}=\frac{5}{8}+\frac{15}{8}=\frac{20}{8}=2\frac{1}{2}$$

(분수나 소수로 통일시킨 후 자연수의 혼합계산과 똑 같은 순서로 계산합니다.)

② ①

아래 문제의 소수를 분수로 고쳐서 계산하고, 답도 분수로 적으세요.

1 $\frac{1}{4}+0.4\div\frac{4}{5}=$

2 $\frac{5}{6}-0.6\div\frac{3}{4}=$

3 $\frac{7}{12}+1.2\times 1\frac{1}{4}=$

4 $\frac{4}{5}+\frac{1}{3}\div 2.5=$

5 $\frac{13}{14}-\frac{3}{4}\div 1.4=$

6 $\frac{3}{16}+1\frac{1}{4}\times 1.3=$

10문제 중 ◯ 문제 맞았다!

7 $0.4 \div \dfrac{3}{4} + \dfrac{3}{8} =$

8 $2.1 \times \dfrac{5}{7} + \dfrac{1}{2} =$

9 $\dfrac{4}{5} - \dfrac{8}{25} \div 1.6 =$

10 $\dfrac{14}{15} - \dfrac{8}{15} \times 1.5 =$

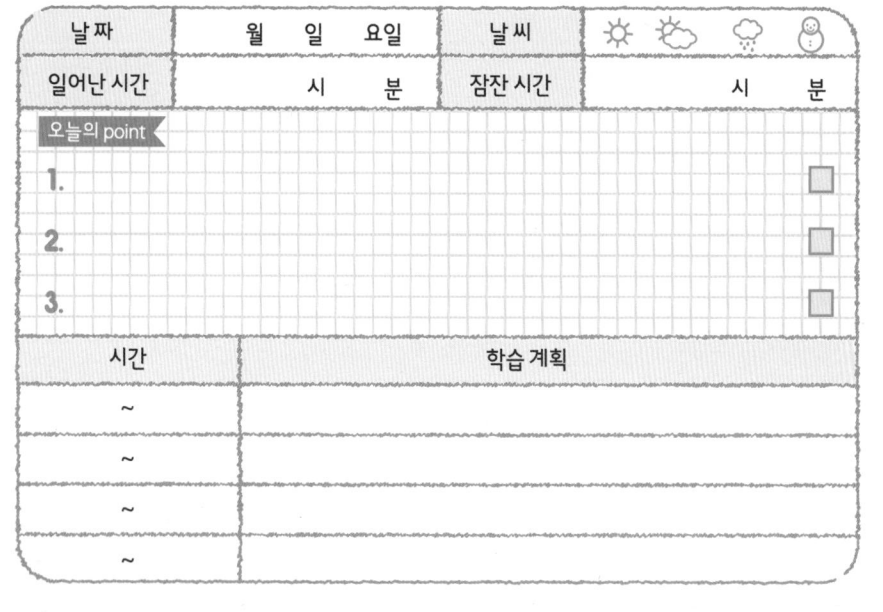

🐦 나의 생활 일기

어제의 학업 성취도 : **1** **2** **3** **4** **5**

날짜	월 일 요일	날씨	☀ ⛅ 🌧 ⛄
일어난 시간	시 분	잠잔 시간	시 분

오늘의 point

1. ☐

2. ☐

3. ☐

시간	학습 계획
~	
~	
~	
~	

19 분수와 소수의 혼합계산 (연습2)

아래 문제의 소수를 분수로 고쳐서 계산하고, 답도 분수로 적으세요.

1 $0.5 + \dfrac{5}{6} \times \dfrac{3}{10} =$

2 $1.8 + \dfrac{1}{4} \times \dfrac{4}{5} =$

3 $3.5 \div \dfrac{2}{3} + \dfrac{5}{12} =$

4 $1.5 \div \dfrac{4}{5} + \dfrac{3}{16} =$

5 $\dfrac{13}{14} - 0.5 \div \dfrac{14}{15} =$

6 $\dfrac{11}{12} - 0.7 \div \dfrac{21}{25} =$

7 $\dfrac{5}{13} \times 2.1 - \dfrac{7}{26} =$

8 $\dfrac{7}{24} \times 1.2 - \dfrac{3}{10} =$

9 $1.8 \times \dfrac{5}{6} + \dfrac{3}{4} =$

11 $2.5 + \dfrac{4}{9} \times \dfrac{3}{16} =$

10 $\dfrac{15}{16} \div \dfrac{5}{8} - 0.5 =$

12 $\dfrac{16}{25} - \dfrac{9}{10} \div 1.5 =$

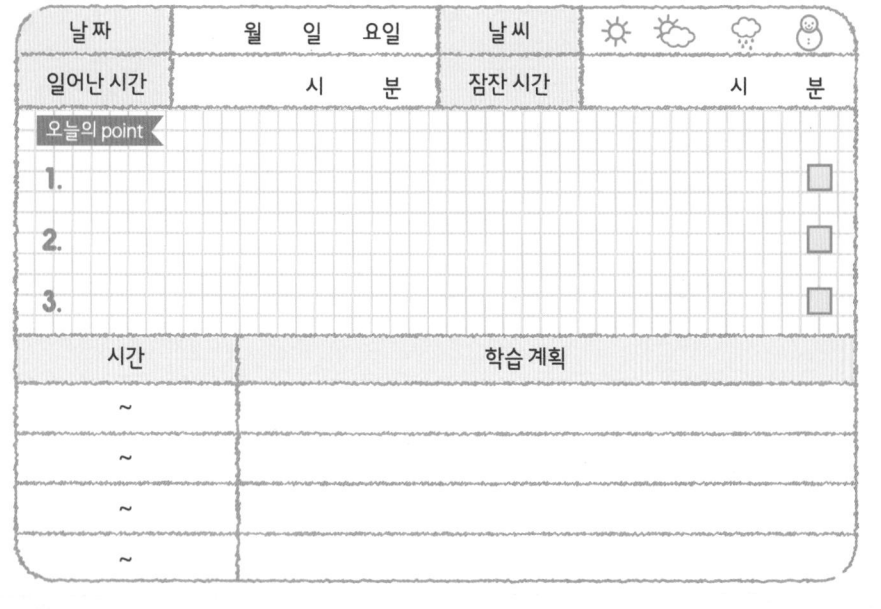

🐤 나의 생활 일기

어제의 학업 성취도 : **1** **2** **3** **4** **5**

날짜	월 일 요일	날씨	☀ ⛅ 🌧 ☃
일어난 시간	시 분	잠잔 시간	시 분

오늘의 point

1. ☐

2. ☐

3. ☐

시간	학습 계획
~	
~	
~	
~	

20 분수와 소수의 혼합계산 (3)

월 일 / 분 초

( )가 있는 계산은 ( )를 먼저 계산하고 ×, ÷와 +, −을 계산합니다.

$$\left(\frac{5}{8}+\frac{5}{16}\right)÷0.3=\left(\frac{10}{16}+\frac{5}{16}\right)÷\frac{3}{10}=\frac{15}{16}×\frac{10}{3}=\frac{25}{8}=3\frac{1}{8}$$

①
②

(분수나 소수로 통일시킨 후 자연수의
혼합계산과 똑 같은 순서로 계산합니다.)

아래 문제의 소수를 분수로 고쳐서 계산하고, 답도 분수로 적으세요.

1 $\left(\frac{1}{4}+0.4\right)÷\frac{4}{5}=$

2 $\left(\frac{5}{6}-0.6\right)÷\frac{7}{9}=$

3 $\left(\frac{4}{5}+1.2\right)×1\frac{1}{4}=$

4 $\left(\frac{5}{6}+\frac{1}{12}\right)÷1.5=$

5 $\left(\frac{13}{14}-\frac{3}{7}\right)÷0.8=$

6 $\left(\frac{1}{16}+1\frac{1}{4}\right)×1.6=$

10문제 중 ○문제 맞았다!

7 $1.8 \div (\dfrac{3}{4} + \dfrac{3}{8}) =$

8 $2.7 \times (\dfrac{5}{6} + \dfrac{1}{2}) =$

9 $(\dfrac{7}{8} - \dfrac{9}{16}) \div 2.5 =$

10 $(\dfrac{7}{10} - \dfrac{8}{15}) \times 1.8 =$

 나의 생활 일기

어제의 학업 성취도 : **1 2 3 4 5**

날짜	월 일 요일	날씨	
일어난 시간	시 분	잠잔 시간	시 분

오늘의 point

1. ☐
2. ☐
3. ☐

시간	학습 계획
~	
~	
~	
~	

21 분수와 소수의 혼합계산 (연습3)

아래 문제의 소수를 분수로 고쳐서 계산하고, 답도 분수로 적으세요.

1 $(0.5 + \dfrac{5}{6}) \times \dfrac{3}{10} =$

2 $(0.4 + \dfrac{1}{4}) \times \dfrac{4}{5} =$

3 $0.5 \div (\dfrac{2}{3} + \dfrac{5}{12}) =$

4 $1.2 \div (\dfrac{4}{5} + \dfrac{4}{15}) =$

5 $(\dfrac{13}{14} - 0.5) \div \dfrac{1}{7} =$

6 $(\dfrac{1}{2} - 0.2) \div \dfrac{9}{10} =$

7 $\dfrac{8}{15} \times (2.1 - \dfrac{3}{5}) =$

8 $\dfrac{5}{18} \times (1.2 - \dfrac{3}{10}) =$

9 $1.8 \times (\dfrac{1}{6} + \dfrac{2}{3}) =$

11 $(2.5 + \dfrac{4}{5}) \times 3\dfrac{1}{6} =$

10 $11\dfrac{11}{12} \div (\dfrac{5}{8} - 0.5) =$

12 $(\dfrac{13}{15} - \dfrac{7}{10}) \div 1.5 =$

 나의 생활 일기

아빠의 하루 성적표 : 1 2 3 4 5

날짜	월 일 요일	오늘의 날씨	☀ ⛅ ☁ ❄
영어 공부 시간	시 분	잠자는 시간	시 분

 오늘의 point

1. ☐
2. ☐
3. ☐

시간	학습 계획
~	
~	
~	
~	

22 분수와 소수의 혼합계산(연습4)

 아래 문제를 풀고, 답은 분수로 적으세요.

1 $4\dfrac{1}{2} + 1\dfrac{2}{5} \div 0.4 - 0.2 =$

2 $4\dfrac{1}{2} + 1\dfrac{2}{5} \div (0.4 - 0.2) =$

3 $\dfrac{5}{8} \times 2 + 1\dfrac{3}{5} \div 1.2 =$

4 $\dfrac{5}{8} \times (2 + 1\dfrac{3}{5}) \div 1.2 =$

5 $0.25 \div \dfrac{3}{4} + 1\dfrac{1}{2} \div \dfrac{9}{20} =$

6 $0.25 \div (\dfrac{3}{4} + 1\dfrac{1}{2}) \div \dfrac{9}{20} =$

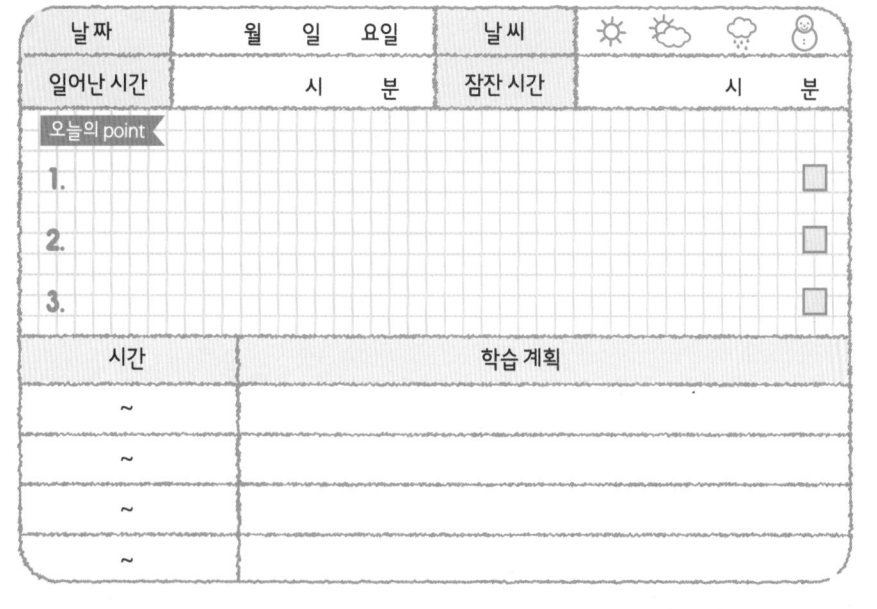

나의 생활 일기

어제의 학업 성취도 : 1 2 3 4 5

날짜	월 일 요일	날씨	☀ ⛅ 🌧 ⛄
일어난 시간	시 분	잠잔 시간	시 분

오늘의 point

1. ☐

2. ☐

3. ☐

시간	학습 계획
~	
~	
~	
~	

23 분수와 소수의 혼합계산 (연습5)

 아래 문제를 풀고, 답은 분수로 적으세요.

1 $1\frac{1}{2} - 0.8 \times \frac{5}{6} \div 6 =$

2 $2.4 \div (\frac{1}{8} + 0.625) \times 3\frac{1}{2} =$

3 $2\frac{3}{4} + 1\frac{5}{6} \times 1.2 \div 0.55 =$

4 $(1\frac{4}{5} - 0.4) \times 1\frac{1}{2} \div 0.6 =$

5 $\dfrac{1}{2} \div \left(3.4 - 1\dfrac{2}{5}\right) + \dfrac{3}{4} =$

6 $2.5 \div \dfrac{5}{8} - 1.8 \div 2\dfrac{1}{4} =$

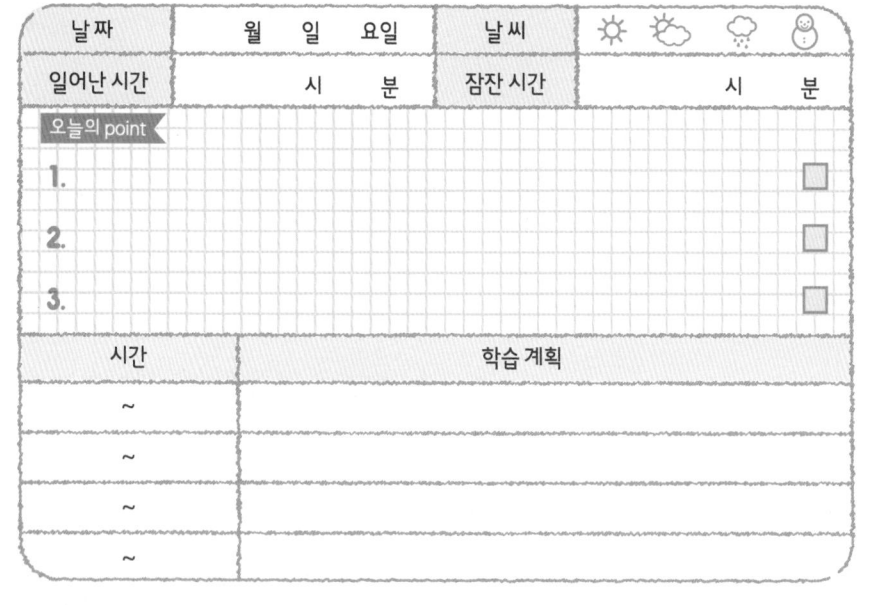

나의 생활 일기

어제의 학업 성취도 : 1 2 3 4 5

날짜	월 일 요일	날씨	
일어난 시간	시 분	잠잔 시간	시 분

오늘의 point

1. ☐

2. ☐

3. ☐

시간	학습 계획
~	
~	
~	
~	

소리내
풀기

아래 문제를 풀고, 답은 분수로 적으세요.

1 $2\dfrac{1}{5} \div 2 - 1\dfrac{1}{4} \times 0.6 \div \dfrac{3}{4} =$

2 $1.5 \div (\dfrac{1}{4} + 0.375) \times 1\dfrac{1}{2} - \dfrac{1}{5} =$

3 $1\dfrac{3}{5} + 2\dfrac{1}{4} \times 2.4 - 1.6 \div \dfrac{1}{2} =$

4 $\dfrac{5}{9} \times (1\dfrac{4}{5} + 0.9) + 1\dfrac{1}{2} \div 0.6 =$

6문제 중 ◯ 문제 맞혔어!

5 $1.8 \div \dfrac{3}{5} \times (0.4 - 0.2) - \dfrac{3}{10} =$

6 $\dfrac{8}{21} \times 1.4 \div \dfrac{4}{9} - 0.2 \times 2\dfrac{1}{2} =$

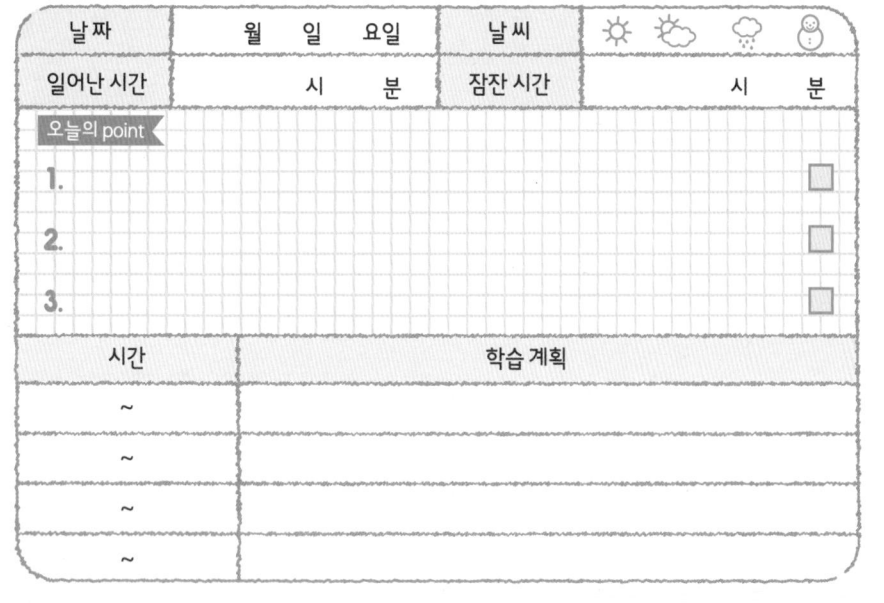

나의 생활 일기

어제의 학업 성취도 : 1 2 3 4 5

날짜	월 일 요일	날씨	☀ ⛅ 🌧 ⛄
일어난 시간	시 분	잠잔 시간	시 분

오늘의 point

1. ☐

2. ☐

3. ☐

시간	학습 계획
~	
~	
~	
~	

25 분수와 소수의 혼합계산 (연습7)

소리내 풀기

아래 문제를 풀고, 답은 분수로 적으세요.

1 $2.1 \times \dfrac{1}{3} - 0.7 \div 1\dfrac{5}{9} =$

2 $1.5 \times \dfrac{5}{6} + (3 - 2\dfrac{1}{2}) \times \dfrac{2}{3} =$

3 $3\dfrac{1}{5} \times 2.5 - 1.8 \times 1\dfrac{3}{5} =$

4 $\dfrac{1}{4} \times 1.2 + (\dfrac{5}{9} + \dfrac{5}{18}) \times 0.6 =$

6문제 중 ◯ 문제 맞았어!

5 $\dfrac{15}{16} \div (\dfrac{5}{8} - 0.5) - 1.5 =$

6 $2.4 \times \dfrac{5}{6} + (\dfrac{5}{8} + 1\dfrac{1}{4}) \div 0.5 - 1\dfrac{1}{2} =$

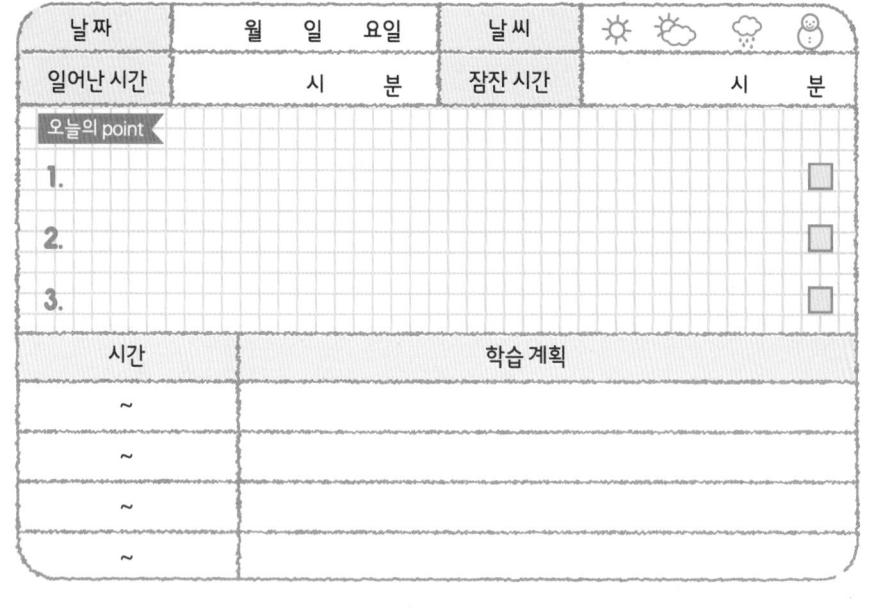

나의 생활 일기

어제의 학업 성취도 : **1 2 3 4 5**

날짜	월 일 요일	날씨	☼ ☁ ☂ ☃
일어난 시간	시 분	잠잔 시간	시 분

오늘의 point

1. ☐

2. ☐

3. ☐

시간	학습 계획
~	
~	
~	
~	

26 분수와 소수의 혼합계산 (연습8)

아래 문제를 풀고, 답은 분수로 적으세요.

1 $6.3 - 2\dfrac{1}{5} \div 1.25 \div 0.55 =$

2 $2.4 \times 1\dfrac{1}{6} \div 1.4 + \dfrac{3}{5} =$

3 $2\dfrac{1}{3} - 1\dfrac{2}{5} \times 0.4 \div 2.8 - \dfrac{1}{5} =$

4 $2.3 + \dfrac{1}{3} \times 0.2 - 0.12 \times \dfrac{5}{9} =$

5. $1.8 \times \left(\dfrac{5}{6} + \dfrac{1}{2}\right) \div 1\dfrac{1}{4} \times 0.5 \div \dfrac{1}{2} - 1.8 =$

 나의 생활 읽기

아침에 일어난 상쾌도:　1　2　3　4　5

날짜	월　일	요일	날씨 ☀ ☁ ☂ 😊
일어난 시간	시　분	잠잔 시간	시　분

▶ 오늘의 point

1. ☐

2. ☐

3. ☐

시기	활동 계획
~	
~	
~	
~	

직육면체의 겉넓이 = 밑넓이 × 2 + 옆넓이

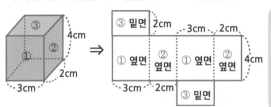

직육면체의 겉넓이
= 한 밑면의 넓이 × 2 + 옆넓이
= ③ × 2 + (①+②+①+②)
=(3×2)×2+(3+2+3+2)×4
=12+40=52㎠

아래 직육면체의 겉넓이를 구하세요.

1

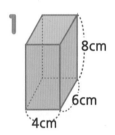

8cm
6cm
4cm

겉넓이 _____ cm²

3

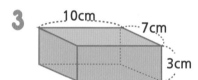

10cm
7cm
3cm

겉넓이 _____ cm²

2

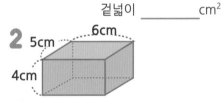

6cm
5cm
4cm

겉넓이 _____ cm²

4

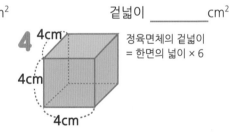

4cm
4cm
4cm
4cm

정육면체의 겉넓이
= 한면의 넓이 × 6

겉넓이 _____ cm²

 8문제중 문제 맞았니!

65

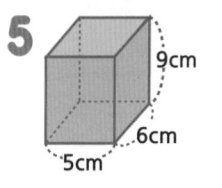
9cm
6cm
5cm

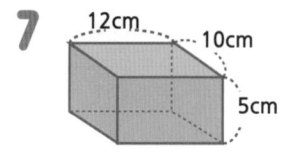
12cm 10cm
5cm

겉넓이 _____cm²

겉넓이 _____cm²

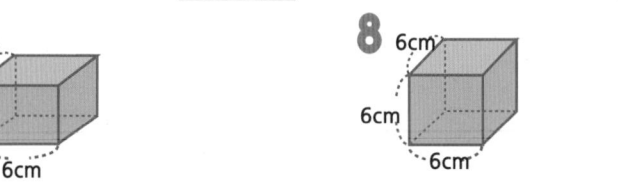
7cm
3cm
6cm

6cm
6cm
6cm

겉넓이 _____cm²

겉넓이 _____cm²

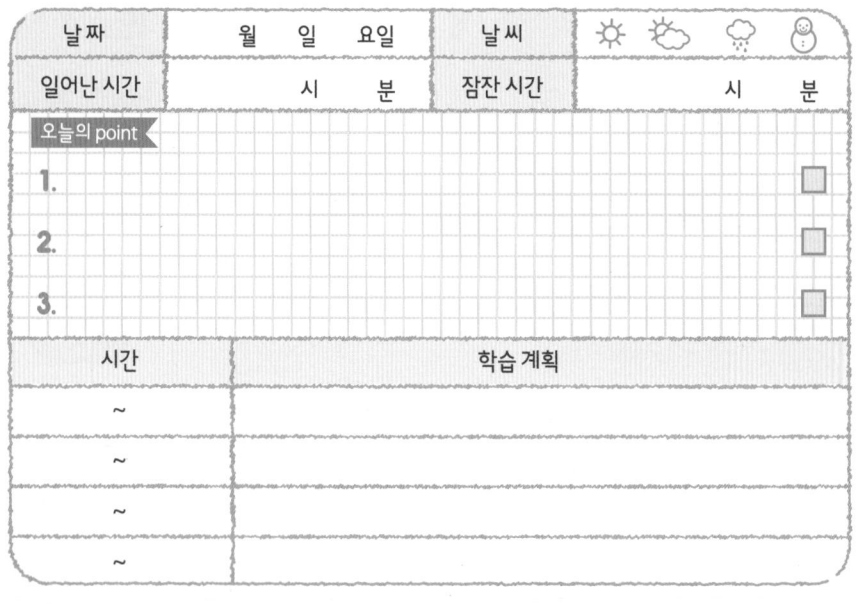

나의 생활 일기

어제의 학업 성취도 : **1 2 3 4 5**

날짜	월 일 요일	날씨	☀ ⛅ ☔ ⛄
일어난 시간	시 분	잠잔 시간	시 분

오늘의 point

1. ☐

2. ☐

3. ☐

시간	학습 계획
~	
~	
~	
~	

28 직육면체의 부피

직육면체의 부피 = 한 밑면의 넓이 × 높이 = 밑면의 가로 × 밑면의 세로 × 높이

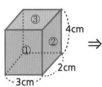

⇒ 쌓기나무 한 개의 부피를 1 cm³라고 쓰고, 일 세제곱센티미터라고 읽습니다.

밑면의 쌓기나무 수를 구하고, 위로 몇칸이 더 있는지를 곱하면 부피가 됩니다.

직육면체의 부피
= 한 밑면의 넓이 × 높이
= ③의 넓이 × 높이
= 가로 × 세로 × 높이
= (3×2)×4 = 24 cm³

아래 직육면체의 부피를 구하세요.

1

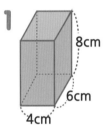

8cm
6cm
4cm

부피 _____ cm³

3

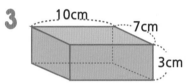

10cm
7cm
3cm

부피 _____ cm³

2

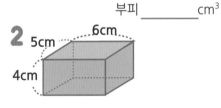

6cm
5cm
4cm

부피 _____ cm³

4

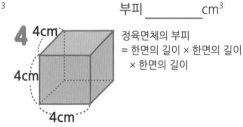

4cm
4cm
4cm

정육면체의 부피
= 한면의 길이 × 한면의 길이
× 한면의 길이

부피 _____ cm³

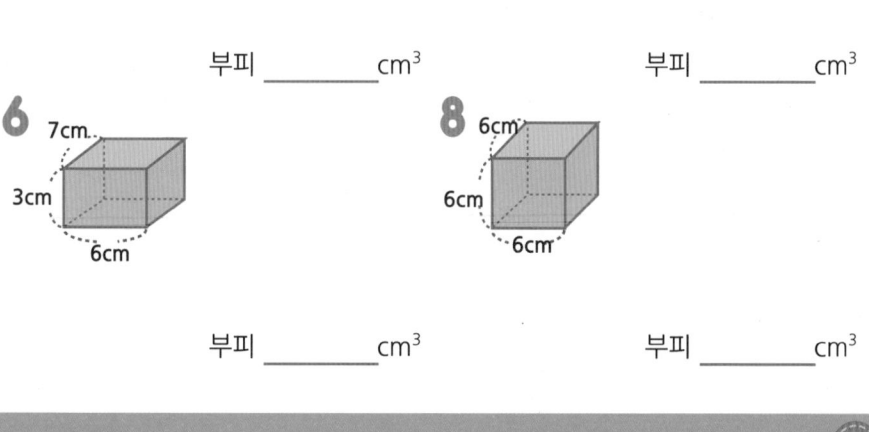

5 9cm 6cm 5cm

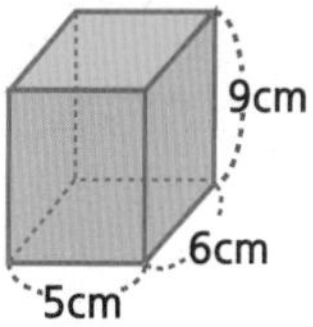

부피 _____ cm³

7 12cm 10cm 5cm

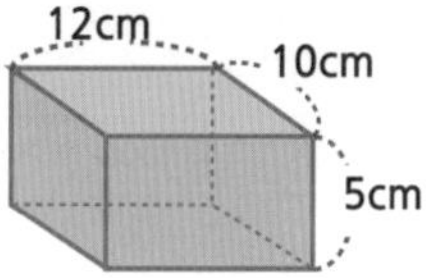

부피 _____ cm³

6 7cm 3cm 6cm

부피 _____ cm³

8 6cm 6cm 6cm

부피 _____ cm³

🐤 나의 생활 일기   어제의 학업 성취도 : **1 2 3 4 5**

날짜	월 일 요일	날씨	☀ ⛅ ☁ ⛄
일어난 시간	시 분	잠잔 시간	시 분

오늘의 point

1. ☐
2. ☐
3. ☐

시간	학습 계획
~	
~	
~	
~	

한 모서리가 1m인 정육면체의 부피를 1m³라 쓰고, 일 세제곱미터라 읽습니다.

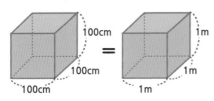

$$1\ m^3 = 1m \times 1m \times 1m$$
$$= 100\ cm \times 100\ cm \times 100\ cm$$
$$= 1000000\ cm^3$$

$$1\ m^3 = 1000000\ cm^3 \quad (0\text{이 }6\text{개})$$

위에 알맞은 수를 써 넣으세요.

1 $1m^3 =$ .... cm^3

6 $1000000cm^3 =$ .... m^3

2 $7m^3 =$ .... cm^3

7 $4000000cm^3 =$ .... m^3

3 $2.6m^3 =$ .... cm^3

8 $5600000cm^3 =$ .... m^3

4 $32m^3 =$ .... cm^3

9 $13200000cm^3 =$ .... m^3

5 $0.7m^3 =$ .... cm^3

10 $200000cm^3 =$ .... m^3

18문제 중 ◯ 문제 맞았어!

11 $0.8m^3 =$ .... cm^3 **15** $120000cm^3 =$ .... m^3

12 $1.5m^3 =$ .... cm^3 **16** $40000cm^3 =$ .... m^3

13 $2.6m^3 =$ .... cm^3 **17** $15600000cm^3 =$ .... m^3

14 $0.01m^3 =$ .... cm^3 **18** $132000cm^3 =$ .... m^3

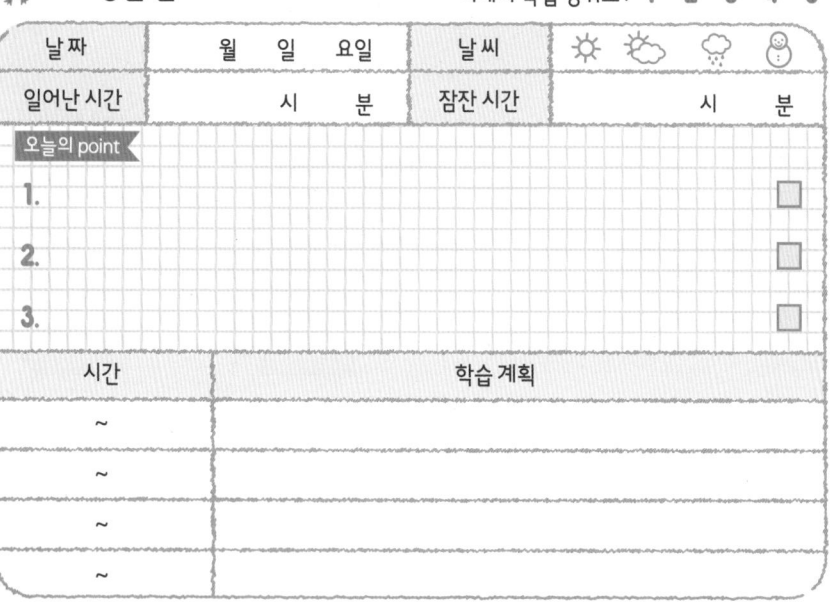

나의 생활 일기

어제의 학업 성취도 : **1** **2** **3** **4** **5**

날짜	월 일 요일	날씨	☀ ⛅ 🌧 ☃
일어난 시간	시 분	잠잔 시간	시 분

오늘의 point

1. ☐

2. ☐

3. ☐

시간	학습 계획
~	
~	
~	
~	

30 부피와 들이

소리내 읽기

한 변이 10cm인 정육면체의 부피 **1L**

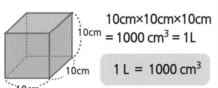

10cm×10cm×10cm
= 1000 cm³ = 1L

1 L = 1000 cm³

한 변이 1cm인 정육면체의 부피 **1mL**

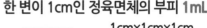

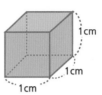

1cm×1cm×1cm
= 1 cm³ = 1mL

1 mL = 1 cm³

1 L = 1000 mL

소리내 풀기

위에 알맞은 수를 써 넣으세요.

1 1L = ... cm³

6 1000cm³ = ... L

2 7L = ... cm³

7 4000cm³ = ... L

3 2.6L = ... cm³

8 5600cm³ = ... L

4 32L = ... cm³

9 13200cm³ = ... L

5 0.7L = ... cm³

10 200cm³ = ... L

18문제 중   문제 맞았어!

11 0.8L = ... cm³

15 12000cm³ = ... L

12 1.5L = ... cm³

16 400cm³ = ... L

13 2.6L = ... cm³

17 156000cm³ = ... L

14 0.01L = ... cm³

18 1320cm³ = ... L

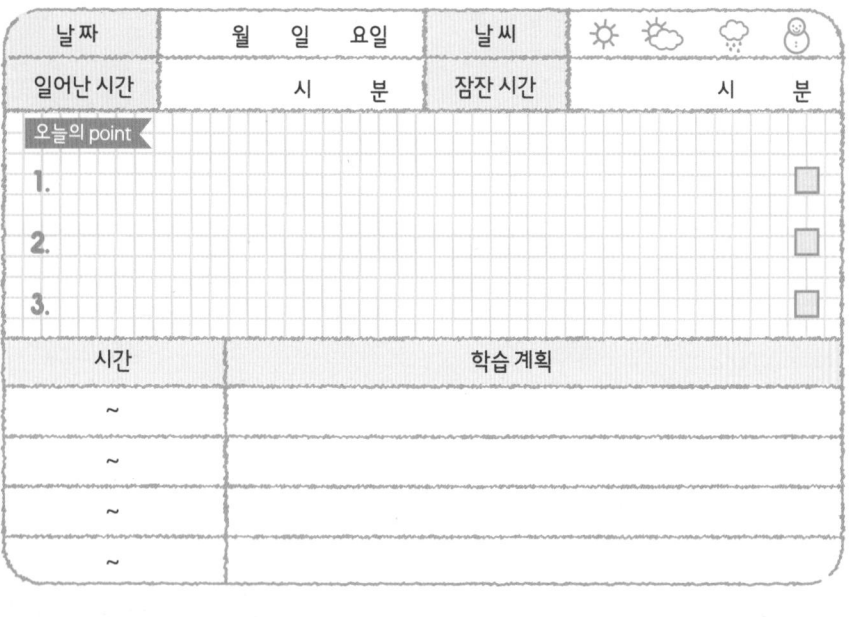

나의 생활 일기

어제의 학업 성취도 : **1 2 3 4 5**

날짜	월 일 요일	날씨	☀ ⛅ ☁ ☃
일어난 시간	시 분	잠잔 시간	시 분

오늘의 point

1. ☐

2. ☐

3. ☐

시간	학습 계획
~	
~	
~	
~	

31 원기둥의 겉넓이

소리내 읽기

원기둥의 겉넓이 = 밑넓이 × 2 + 옆넓이

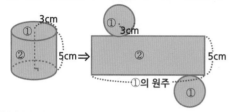

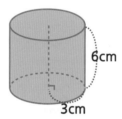

겉넓이 =
= 한밑면의 넓이 × 2 + 옆넓이
= ① × 2 + ②
= (3×3×3.14)×2+(3×2×3.14)×5
= 56.52+94.2 = 150.72㎠

소리내 풀기

아래 원기둥의 겉넓이를 구하세요.

1
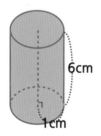
4cm
2cm

겉넓이 _____ cm²

3
6cm
3cm

겉넓이 _____ cm²

2
6cm
1cm

겉넓이 _____ cm²

4
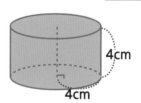
4cm
4cm

겉넓이 _____ cm²

8문제 중 ◯ 문제 맞았네!

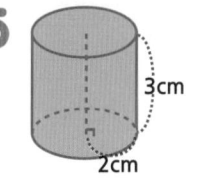

5

3cm

2cm

겉넓이 _____ cm²

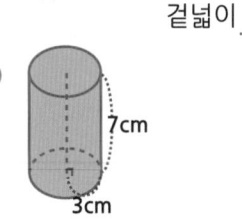

6

7cm

3cm

겉넓이 _____ cm²

7

8cm

6cm

겉넓이 _____ cm²

8

5cm

5cm

겉넓이 _____ cm²

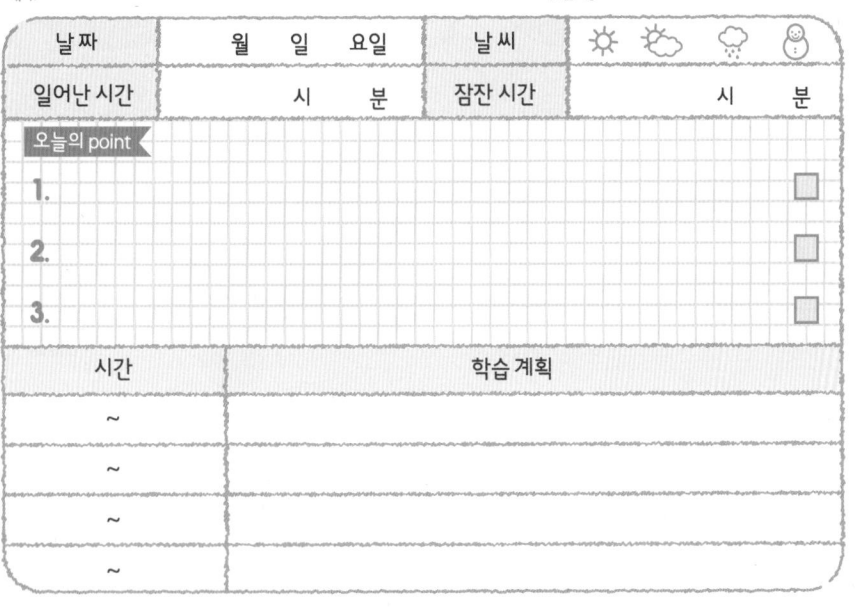

🐦 나의 생활 일기　　　어제의 학업 성취도 : 1　2　3　4　5

날짜	월　일　요일	날씨	☀ ⛅ ☁ ⛄
일어난 시간	시　분	잠잔 시간	시　분

오늘의 point

1. ☐

2. ☐

3. ☐

시간	학습 계획
~	
~	
~	
~	

원기둥의 부피 = 밑넓이 × 높이

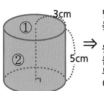

밑넓이(원의 넓이)를 구해서 높이를 곱해줍니다.

⇒ 원기둥을 한없이 잘게 잘라 붙이면, 원기둥의 부피는 각기둥의 부피와 점점 같아 지는것을 이용해도 됩니다.

원기둥의 부피
= 밑넓이 × 높이
= 반지름 × 반지름 × 3.14 × 높이
$= 3 × 3 × 3.14 × 5 = 141.3 cm^3$

아래 원기둥의 부피를 구하세요.

1

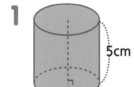

5cm
4cm

부피 _____ cm^3

3

6cm
4cm

부피 _____ cm^3

2

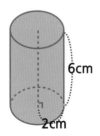

6cm
2cm

부피 _____ cm^3

4

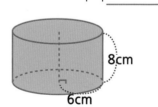

8cm
6cm

부피 _____ cm^3

8문제중 ⃝ 문제맞았기!

75

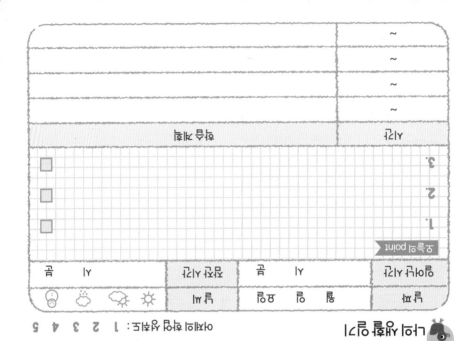

나의 생활 일기

이번 달의 학습 성취도 : 1 2 3 4 5

날짜	월	일	요일	날씨	일어난 시간	시	분	잠잔 시간	시	분

▶ 우등이 point

1. ☐
2. ☐
3. ☐

시간	학습 계획
~	
~	
~	
~	

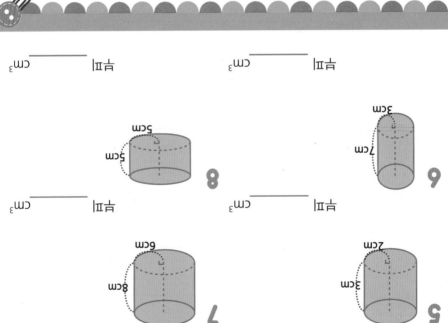

5
3cm 2cm
부피 _____ cm³

7
8cm 6cm
부피 _____ cm³

6
7cm 3cm
부피 _____ cm³

8
5cm 5cm
부피 _____ cm³

소리내 읽기

일어날 수 있는 모든 경우의 가짓수 경우의 수

어떤 일이 일어날 수 있는 경우의 가짓수
또는 방법의 수를 경우의 수라고 합니다.
동전 한개를 던질때 나올 수 있는 면은
앞과 뒤 2가지이므로 경우의 수는 2입니다.

오백원

앞면

500

뒷면

소리내 풀기

주사위 한 개를 던질때, 나오는 면의 경우의 수를 생각하여 ☐ 안에 알맞은 수를 적으세요.

1 나올 수 있는 모든 면은 ☐, ☐, ☐, ☐, ☐, ☐
이므로 경우의 수는 ☐ 입니다.

2 나올 수 있는 짝수는 ☐, ☐, ☐ 이므로 경우의 수는 ☐

3 나올 수 있는 홀수는 ☐, ☐, ☐ 이므로 경우의 수는 ☐

4 나올 수 있는 3미만의 수는 ☐, ☐ 이므로 경우의 수는 ☐

5 나올 수 있는 5이상의 수는 ☐, ☐ 이므로 경우의 수는 ☐

6 7이 나오는 경우는 없으므로, 경우의 수는 ☐ 입니다.

10문제 중 ☐ 문제 맞았개!

※ 주머니안에 1부터 9까지 적힌 공을 한개씩 넣었습니다.

7 공1개를 꺼낼 때, 홀수가 나올 경우의 수는 ☐ 입니다.

8 공1개를 꺼낼 때, 짝수가 나올 경우의 수는 ☐ 입니다.

9 공1개를 꺼낼 때, 5보다 큰 수가 나올 경우의 수는 ☐ 입니다.

10 공1개를 꺼낼 때, 10이 나올 경우의 수는 ☐ 입니다.

나의 생활 일기   어제의 학업 성취도 : **1 2 3 4 5**

날짜	월 일 요일	날씨	☀ ⛅ ☔ ☃
일어난 시간	시 분	잠잔 시간	시 분

오늘의 point

1. ☐

2. ☐

3. ☐

시간	학습 계획
~	
~	
~	
~	

34 경우의 수 (2)

동시에 일어나는 경우의 수

두 가지 일이 동시에 일어나는 경우의 수는
짝짓기나 표를 이용하여 경우의 수를 구하는
것이 편리합니다. 식으로는 (한가지 일이 일어
나는 경우의수) × (다른 한 가지 일이 일어나
는 경우의 수) 입니다.

10원짜리 동전과 500원짜리 동전 1개씩을
동시에 던질때 나오는 면의 경우의 수

10원	앞	앞	뒤	뒤
500원	앞	뒤	앞	뒤

(10원,500원)으로 짝짓기를 하면
(앞,앞) (앞,뒤) (뒤,앞) (뒤,뒤) 이렇게 **4**가지로
경우의 수는 **4**입니다. (2 × 2 = 4가지)

□안에 알맞은 수를 적거나, 물음에 답하세요,

※ 엄마와 윤희는 점심을 먹으러 식당에 갔습니다. 그 식당은 자장면,
짬뽕, 볶음밥 전문집으로 다른 음식을 고를 수 없습니다.

1 엄마가 고를 수 있는 음식의 경우의 수는 □ 입니다.

2 윤희가 고를 수 있는 음식의 경우의 수는 □ 입니다.

3 엄마와 윤희가 동시에 주문하려고 할때 고를 수 있는 음식을 아래
표에 완성해 보고, 이때 경우의 수를 구하세요.

엄마								
윤희								

4 식으로는 □ × □ 으로 경우의 수는 □ 입니다.

 5 문제 중 문제 맞았기!

5 주사위 1개와 동전 1개를 던져서 나오는 게임을 하려고 합니다.

동전 1개를 던지면 [　] , [　] 으로 [　] 가지 중에서 나오고,

주사위는 1부터 [　] 까지이므로 [　] 가지 중에서 나오므로,

동시에 던지면 [　] × [　] = [　] 개의 경우의 수가 나올 수 있습니다.

표를 완성해 보세요.

동전												
주사위												

나의 생활 일기

어제의 학업 성취도 : 어제의 학업 성취도 :　**1**　**2**　**3**　**4**　**5**

날짜	월　일　요일	날씨	☀ ⛅ 🌧 ⛄
일어난 시간	시　분	잠잔 시간	시　분

오늘의 point

1. 　　　　　　　　　　　　　　　　　　　□

2. 　　　　　　　　　　　　　　　　　　　□

3. 　　　　　　　　　　　　　　　　　　　□

시간	학습 계획
~	
~	
~	
~	

순서가 있는 경우의 수

순서가 있는 경우의 수는 차례로 늘어놓아
모든 경우의 수를 구할 수 있습니다.
식으로는 (한가지 일이 일어나는 경우의수)
× (한가지일이 일어나는 경우의 수 − 1) ×.....
입니다.

숫자 1,2,3을 한번만 써서 만들 수 있는 2자리 수를
만들 수 있는 경우의 수

짝짓기를 하면(1,2) (1,3) (2,1) (2,3) (3,1) (3,2)
이렇게 **6**가지로 경우의 수는 **6**입니다. (3 × 2 = 6)

□안에 알맞은 수를 적거나, 물음에 답하세요,

※ **7, 8, 9**를 한 번씩만 써서 세자리 수를 만들려고 합니다.

1 백의 자리에 **7**을 적을때, 만들 수 있는 세자리수 : ☐ ☐

2 백의 자리에 **8**을 적을때, 만들 수 있는 세자리수 : ☐ ☐

3 모든 세자리 수를 만들어 보고, 이때 경우의 수를 구하세요.

백의 자리						
십의 자리						
일의 자리						

4 식으로는 ☐ × ☐ × ☐ 이므로 경우의 수는 ☐ 입니다.

5문제 중 ◯ 문제 맞았어!

5 주머니안에 1부터 3까지 적힌 공을 각각 한 개씩 넣었습니다.

공을 1개 꺼낼 때 나올 수 경우의 수는 ☐ 입니다. 다시 넣지않고,

공을 2번째로 꺼낼 때 나올 수 있는 경우의 수는 ☐ 입니다.

공을 3번째로 꺼낼 때 나올 수 있는 경우의 수는 ☐ 입니다.

공 3개를 순서대로 꺼낼때 나올 수 있는 경우의 수는 ☐ 입니다.

표를 완성해 보세요.

1번째						
2번째						
3번째						

나의 생활 일기

어제의 학업 성취도 : 1 2 3 4 5

날짜	월 일 요일	날씨	
일어난 시간	시 분	잠잔 시간	시 분

오늘의 point

1. ☐

2. ☐

3. ☐

시간	학습 계획
~	
~	
~	
~	

**소리내
읽기**

어떤 사건이 일어날 경우의 수의 비율 확률

모든 경우의 수에 대한 어떤 사건이 일어날 경우의 수를 비율로 나타낸 것을 확률이라고 합니다. 모든 경우의 수와 어떤 사건이 일어날 경우의 수를 알면 확률을 구할 수 있습니다.

$$확률 = \frac{어떤\ 사건이\ 일어날\ 경우의\ 수}{모든\ 경우의\ 수}$$

500원 동전의 앞면이 나올 확율

$$= \frac{앞면일\ 경우의\ 수\ (앞면 = 1)}{모든\ 경우의\ 수\ (앞면,뒷면=2)} = \frac{1}{2}$$

**소리내
풀기**

☐안에 알맞은 수를 적거나, 물음에 답하세요.

※ 상자 안에 1부터 7까지 적힌 구슬이 각각 한개씩 들어있습니다.

1 상자안에서 1개를 꺼낼 때 나올 수 있는 경우의 수 : ☐

2 1개를 꺼낼 때, 홀수가 나올 경우의 수 : ☐

3 1개를 꺼낼 때, 홀수가 나올 확률 : $\frac{☐}{☐}$

4 1개를 꺼낼 때, 짝수가 나올 경우의 수 : ☐

5 1개를 꺼낼 때, 짝수가 나올 확률 : $\frac{☐}{☐}$

6 1개를 꺼낼 때, 9가 나올 확률 : ☐

10문제 중 ☐ 문제 맞았기!

83

※ 주머니안에 1부터 9까지 적힌 공을 각각 한개씩 넣었습니다.

7 공1개를 꺼낼 때, 나올 수 있는 모든 경우의 수는 [ ] 입니다.

8 공1개를 꺼낼 때, 짝수가 나올 확률은 $\frac{\Box}{\Box}$ 입니다.

9 공1개를 꺼낼 때, 5보다 큰 수가 나올 확률은 $\frac{\Box}{\Box}$ 입니다.

10 공1개를 꺼낼 때, 10이 나올 확률은 $\frac{\Box}{\Box}$ 입니다.

🐤 나의 생활 일기

어제의 학업 성취도 : 1 2 3 4 5

날짜	월 일 요일	날씨	☀ ⛅ 🌧 ⛄
일어난 시간	시 분	잠잔 시간	시 분

오늘의 point

1. ☐

2. ☐

3. ☐

시간	학습 계획
~	
~	
~	
~	

37 미지수 x

어떤 수인지 모르는 미지수의 표시 x (엑스)

아직 알고 있지 못한 어떤 수를 미지수라 하고
이 미지수를 기호로 x라 쓰고, 엑스라 읽습니다.
□로 표현했던 미지수를 x로 바꾸어 표현
할 수 있습니다.

$$4 + \square = 10 \quad \Rightarrow \quad 4 + x = 10$$

앞으로는 미지수를 □로 표현하지 않고
x로 표현하고, 등식을 계산합니다.
= (등호)가 있는 식을 **등식**이라고 합니다.

다음을 미지수 x를 사용한 등식으로 나타내세요.

1 어떤 수 x에 4를 더한 값은 9입니다.

2 어떤 수 x보다 12 작은 수는 9입니다.

3 어떤 수 x의 4배에 7을 더한 값은 19입니다.

4 어떤 수 x보다 4 작은 수에 6을 더했더니 16이 되었습니다.

5 한변의 길이가 x인 정사각형의 둘레의 길이가 20입니다.

9 문제 중 ◯ 문제 맞았기!

6 21에 어떤 수 x를 더한 값은 32입니다.

7 16보다 어떤 수 x만큼 큰 수는 45입니다.

8 어떤 수 x에 5를 곱하고 6을 더한 값이 36이 되었습니다.

9 어떤 수 x를 7로 나누고 6을 빼보았더니 15가 되었습니다.

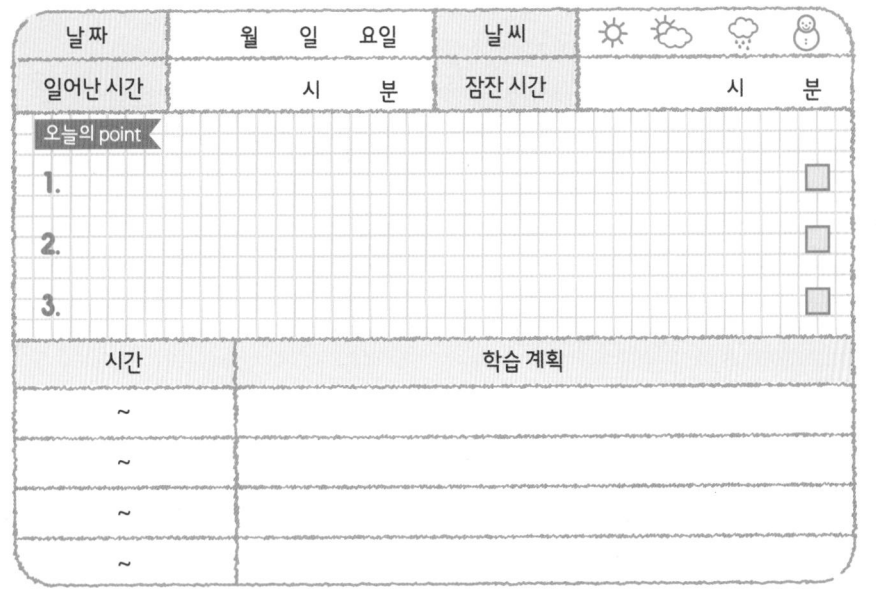

 나의 생활 일기 어제의 학업 성취도 : **1 2 3 4 5**

날 짜	월 일 요일	날씨	☀ ⛅ 🌧 ⛄
일어난 시간	시 분	잠잔 시간	시 분

오늘의 point ◀

1. ☐

2. ☐

3. ☐

시간	학습 계획
~	
~	
~	
~	

38 등식 만들기

 소리내 풀기 아래 글을 읽고 식으로 나타내세요.

1 세린이는 오늘 용돈을 500원 받았더니 2500원이 되었습니다.
원래 있던 돈 x를 구하는 식을 만들어 보세요.

2 윤희는 연필 몇 자루가 있었는데 오빠에게 5자루를 주었더니
10자루 남았습니다. x를 사용한 식으로 나타내세요.

3 공책 몇 권을 3권씩 7명에게 나누어 주었더니 15권이 남았습니다.
처음있던 공책의 수 x를 구하는 식을 만들어 보세요.

4 필통을 한 상자에 8개씩 똑같이 나누어 담았더니 40개가 들어 갔습
니다. 몇 개의 상자에 담았는지 x를 사용한 식으로 나타내세요.

5 한솔이는 빵 15개를 2개씩 친구들에게 나누어 주었더니 1개가 남
았습니다. x를 사용해서 몇 명에게 주었는지 식으로 나타내세요.

7문제 중 ⃝ 문제 맞았기!

6 어항 하나에 금붕어 8마리씩 넣으려고 합니다. 40마리를 모두 넣으려면 어항 몇개가 필요한지 x와 ÷를 사용해서 나타내세요.

7 상준이는 올해 아빠 나이의 반보다 7살이 적어서 13살입니다. 아빠 나이를 구하는 식을 x를 사용해서 식으로 나타내세요.

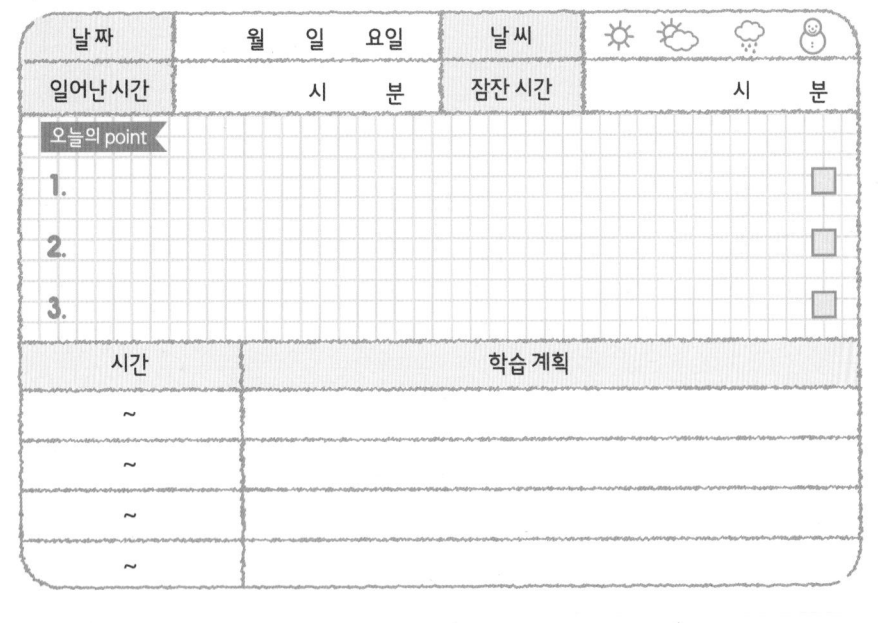

나의 생활 일기

어제의 학업 성취도 : 1 2 3 4 5

날짜	월 일 요일	날씨	☀ ⛅ ☂ ☃
일어난 시간	시 분	잠잔 시간	시 분

오늘의 point

1. ☐
2. ☐
3. ☐

시간	학습 계획
~	
~	
~	
~	

소리내 읽기

미지수 x의 값에 따라 참,거짓이 되는 방정식

미지수 x에 1,2,3....등을 넣음에 따라 참이
되기도 하고, 거짓이 되기도 하는 등식을 방정식
이라 하고, 참이되게 하는 x의 값을 찾는 것을
방정식을 푼다고 합니다.

$4 + x = 10$ 에서
$x=1$ 일때 $4 + 1 = 10$ (거짓)
$x=2$ 일때 $4 + 2 = 10$ (거짓)
  :
$x=6$ 일때 $4 + 6 = 10$ (참)
따라서 방정식을 참이 되게 하는
x의 값은 6입니다.

소리내 풀기

아래 글을 읽고 물음에 답하세요.

※ 50원짜리 껌 10개와 100원짜리 사탕을 사는데 900원을 사용
하였습니다.

1 사탕 몇개를 샀는지 등식으로 나타내세요.

2 x =1일때, 식이 참인지 거짓인지 등식으로 확인하세요.

3 x =2일때, 식이 참인지 거짓인지 등식으로 확인하세요.

4 x =3일때, 식이 참인지 거짓인지 등식으로 확인하세요.

5 x =4일때, 식이 참인지 거짓인지 등식으로 확인하세요.

6 사탕을 몇 개 샀나요?

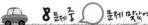
8문제 중 ◯ 문제 맞았기!

7 금붕어 36마리를 어항 하나에 9마리씩 넣었습니다. 어항 수를 구하는 식을 x를 사용해 만들고, 이 식이 참이 되는 x를 구하세요.

8 상준이는 하루에 책을 3권씩 꼭 읽습니다. 오늘까지 15권을 읽었을때 며칠동안 읽었는지 x를 사용해서 식으로 나타내고, 참이 되는 x를 구하세요.

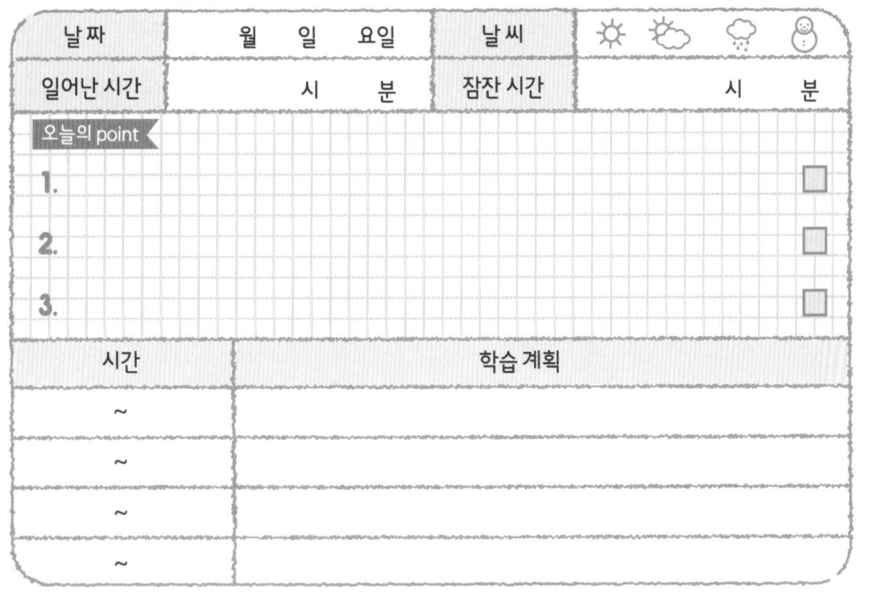

나의 생활 일기

어제의 학업 성취도 : 1 2 3 4 5

날짜	월 일 요일	날씨	☀ ⛅ 🌧 ☃
일어난 시간	시 분	잠잔 시간	시 분

오늘의 point

1. ☐
2. ☐
3. ☐

시간	학습 계획
~	
~	
~	
~	

40 방정식 풀기

Mon 월 일
분 초

 x 대신 1,2,3,4를 넣어서 방정식이 참이 되게 하는 x를 구하세요.

1 $x+7=9$

2 $x-3=1$

3 $x \times 7=21$

4 $x \times 4 \div 16=1$

5 $x \div 2 \times 8=16$

6 $5+x=8$

7 $11-x=9$

8 $4 \times x+3=15$

9 $4 \times (x+4)=24$

10 $(9+x) \div 4=3$

16문제 중 ◯ 문제 맞았어!

91

11 $x+7-2=9$

14 $4+x-3=2$

12 $x\times4-8=4$

15 $4\times(x-2)=8$

13 $x+2\times8=17$

16 $(9+x)\times4=44$

 나의 생활 일기

어제의 학업 성취도 : 1 2 3 4 5

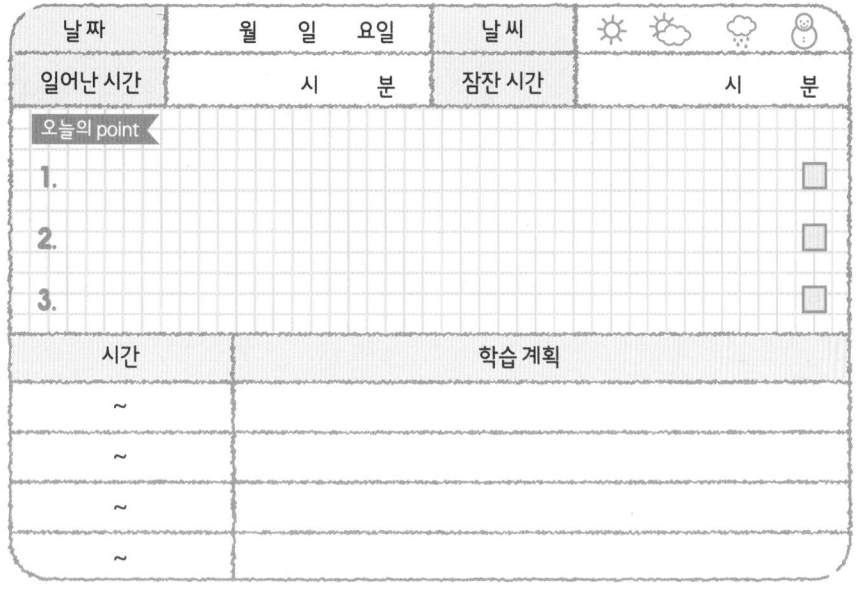

날 짜	월 일 요일	날 씨	
일어난 시간	시 분	잠잔 시간	시 분

오늘의 point		
1.		☐
2.		☐
3.		☐

시간	학습 계획
~	
~	
~	
~	

소리내 읽기

등식의 양쪽에 같은 수를 더하거나 같은 수를 빼도 등식은 성립합니다.

▲ = ● ➡ ▲ + ☆ = ● + ☆

$x - 4 = 10$ 일때 등식의 양쪽에 4를 더해주면
$x - 4 + 4 = 10 + 4$
$x \qquad = 14$ 가 됩니다.

▲ = ● ➡ ▲ − ☆ = ● − ☆

$x + 4 = 10$ 일때 등식의 양쪽에 4를 빼주면
$x + 4 - 4 = 10 - 4$
$x \qquad = 6$ 이 됩니다.

소리내 풀기

등식의 성질을 이용하여 x를 구하세요.

1 $x - 4 = 13$

5 $x + 4 = 21$

2 $x - 26 = 46$

6 $x + 26 = 53$

3 $x - 5.3 = 7.6$

7 $x + 6.2 = 10.1$

4 $x - \dfrac{1}{6} = \dfrac{2}{3}$

8 $x + \dfrac{7}{12} = \dfrac{5}{6}$

14문제중 ◯ 문제 맞았기!

9 $x + 0.2 = \dfrac{3}{5}$

12 $4.4 + x - 3.2 = 1\dfrac{4}{5}$

10 $x - \dfrac{3}{10} = 0.6$

13 $1 + x - \dfrac{2}{5} = 3.6$

11 $x + 2.6 - 1 = 3.6$

14 $9 + x + 3.6 = 15\dfrac{7}{10}$

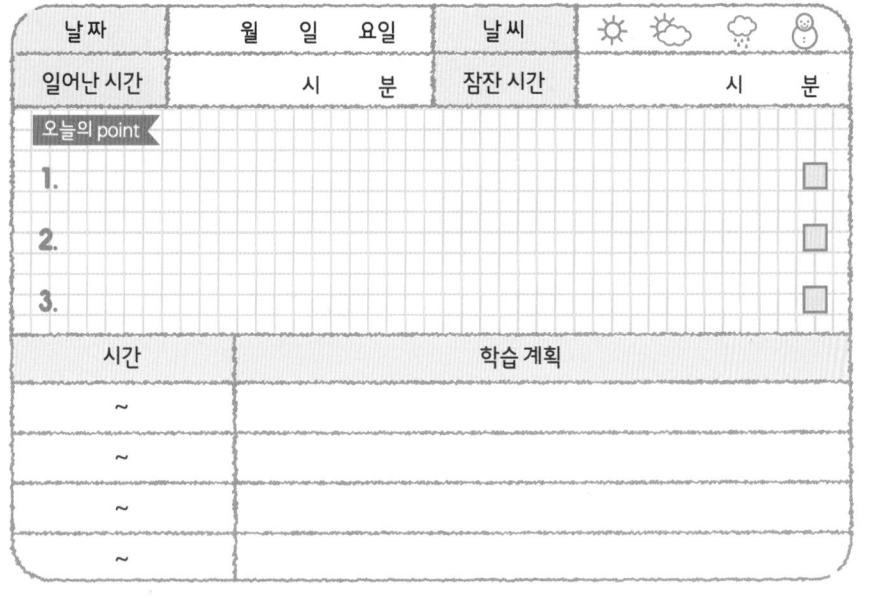

나의 생활 일기

어제의 학업 성취도 :　**1**　**2**　**3**　**4**　**5**

날짜	월　일　요일	날씨	☀ ⛅ 🌧 ⛄
일어난 시간	시　분	잠잔 시간	시　분

오늘의 point ▶

1. ☐

2. ☐

3. ☐

시간	학습 계획
～	
～	
～	
～	

42 등식의 성질(2)

 등식의 양쪽에 같은 수를 곱하거나 0이 아닌 같은수로 나누어도 등식은 성립합니다.

$$▲ = ● \implies ▲ × ☆ = ● × ☆$$

$x ÷ 4 = 10$ 일때 등식의 양쪽에 4를 곱해주면
$x ÷ 4 × 4 = 10 × 4$
$x \qquad = 40$ 이 됩니다.

$$▲ = ● \implies ▲ - ☆ = ● - ☆$$

$x × 4 = 10$ 일때 등식의 양쪽을 4로 나누면
$x × 4 ÷ 4 = 10 ÷ 4$
$x \qquad = 2.5$ 가 됩니다.

 등식의 성질을 이용하여 x를 구하세요.

1 $x ÷ 4 = 7$

5 $x × 3 = 21$

2 $x ÷ 26 = 12$

6 $x × 26 = 130$

3 $x ÷ 1.2 = 6$

7 $x × 6.2 = 24.8$

4 $x ÷ \dfrac{3}{4} = \dfrac{2}{3}$

8 $x × \dfrac{5}{12} = 1\dfrac{2}{3}$

14문제중 ⃝ 문제 맞았어!

9 $x \times 0.6 = \dfrac{3}{5}$

12 $4.4 \times x \div 2.4 = 11$

10 $x \div \dfrac{1}{2} = 0.6$

13 $2 \times x \div \dfrac{2}{5} = 3.5$

11 $x \div 2.5 \times 4 = 3.2$

14 $9 \times x \div 3.6 = 1\dfrac{1}{2}$

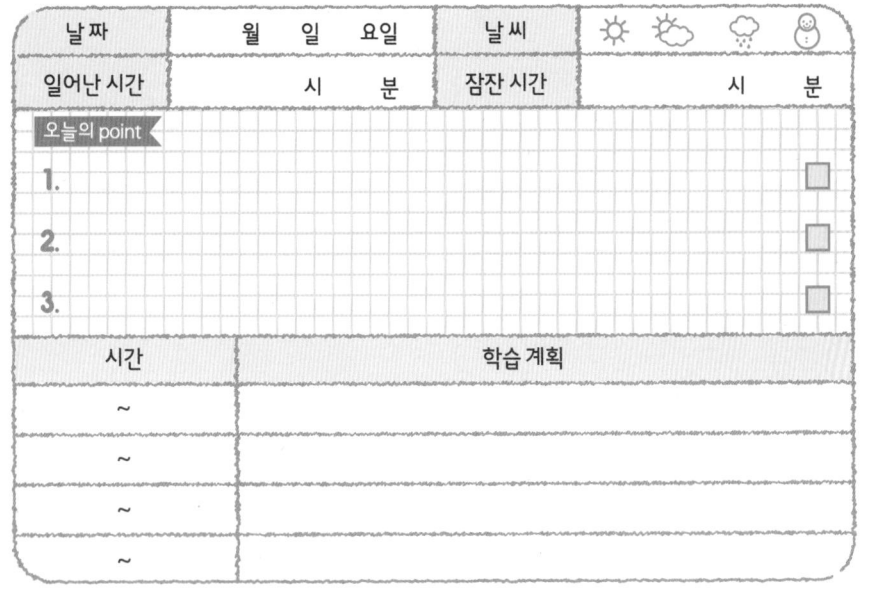

나의 생활 일기

어제의 학업 성취도 : **1 2 3 4 5**

날짜	월 일 요일	날씨	☼ ⛅ ☂ ☃
일어난 시간	시 분	잠잔 시간	시 분

오늘의 point ◀

1. ☐

2. ☐

3. ☐

시간	학습 계획
~	
~	
~	
~	

소리내 풀기 등식의 성질을 이용하여 x를 구하세요.

1 $x-15=32$

6 $11+x\times4=31$

2 $17+x=56$

7 $4\times x-3=17$

3 $x\div16=12$

8 $x\div8+16=64$

4 $6\times x=42$

9 $4\times x+19=51$

5 $x\div16-18=14$

10 $17+x\div12=53$

16문제중 ◯ 문제 맞았어!

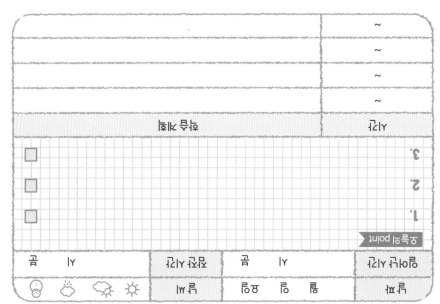

나의 생활 일기

아래의 항목 선택도: 1 2 3 4 5

날짜	날씨	월 일 요일	영어난 시간	시 분
	☀ ⛈ ☁ 🍘		잠잔 시간	시 분

오늘의 point

1. ☐

2. ☐

3. ☐

시간	하루 계획
	~
	~
	~
	~

11 $x \times 0.6 - 2.2 = \dfrac{4}{5}$

12 $x \div \dfrac{1}{2} + 0.1 = 1.8$

13 $x \times 2.5 - 4 = 3.5$

14 $8.3 + x \times 1.8 = 11$

15 $2 + x \div \dfrac{3}{5} = 4.5$

16 $9 \times x + 1.1 = 5\dfrac{3}{5}$

 등식의 성질을 이용하여 x를 구하세요.

1 $x \times 5 + 5 = 40$

6 $4 \times x - 19 = 49$

2 $12 + x \div 4 = 56$

7 $x - 5 \times 12 = 120$

3 $x \div \dfrac{1}{5} = 6$

8 $1.1 + x \times 2 = 3.1$

4 $0.6 \times x = 4.2$

9 $1.5 \times x - 13 = 17$

5 $x \div 1\dfrac{1}{3} - 8 = 12$

10 $x \times \dfrac{1}{7} + 0.8 = 6.4$

16문제 중 ☐문제 맞았어!

11 $x \times 0.4 - 1.8 = \dfrac{4}{5}$

14 $2.1 + x \times 1.8 = 12$

12 $x \div \dfrac{3}{5} + 0.8 = 2.3$

15 $4 + x \div \dfrac{1}{3} = 6.4$

13 $x \times 1.4 - 4 = 1.6$

16 $3 \times x + 2.8 = 4\dfrac{3}{5}$

 나의 생활 일기 어제의 학업 성취도 : **1 2 3 4 5**

날짜	월 일 요일	날씨	☀ ☁ ☂ ☃
일어난 시간	시 분	잠잔 시간	시 분

오늘의 point ▶

1. ☐
2. ☐
3. ☐

시간	학습 계획
~	
~	
~	
~	

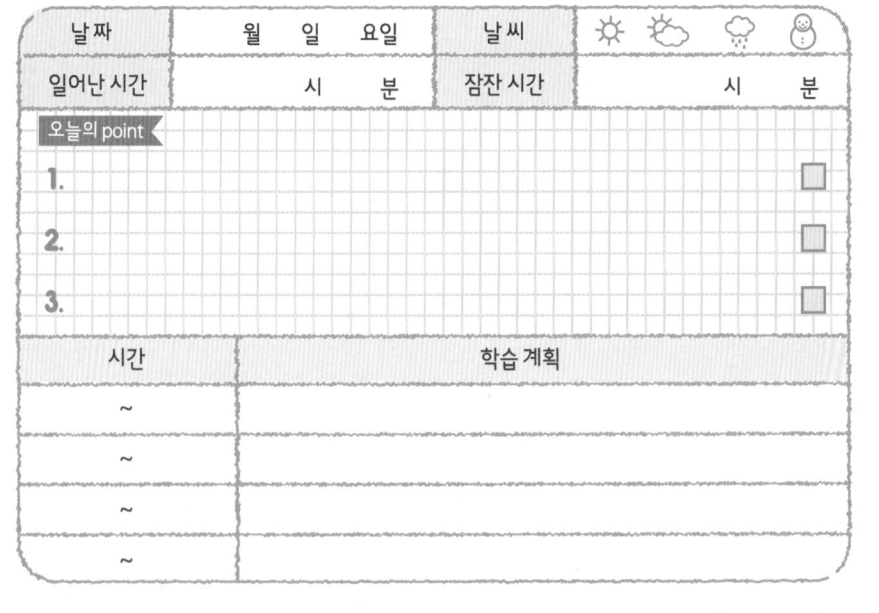

45 방정식 풀기(연습3)

등식의 성질을 이용하여 x를 구하세요.

1 $30+x-4=56$

2 $x-15\div5=40$

3 $x\div\dfrac{5}{12}=6$

4 $0.9\times x=3$

5 $x\div1\dfrac{1}{4}+8=12$

6 $x+6\times12=120$

7 $1.1+x\div0.2=3.1$

8 $1.5\times x-\dfrac{4}{5}=2$

9 $x\div\dfrac{1}{7}-0.8=2$

10 $x\times3-3=2\dfrac{1}{7}$

16문제중 ◯ 문제 맞았어!

11 $x \times 1.4 + 2.1 = 2\dfrac{4}{5}$

14 $1.4 + x \times 1.8 = 5$

12 $x \div \dfrac{1}{2} - 0.5 = 1.2$

15 $4 \times x \div \dfrac{1}{3} = 6.4$

13 $x \times 2.4 - 7 = 0.2$

16 $3 \times x - 2.8 = 4\dfrac{2}{5}$

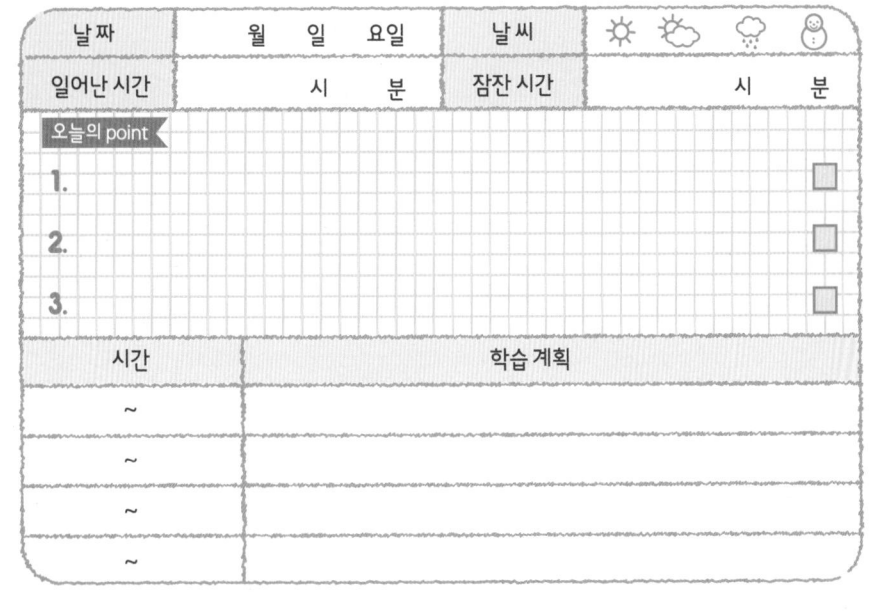

나의 생활 일기

어제의 학업 성취도 : **1 2 3 4 5**

날짜	월 일 요일	날씨	☀ ☁ 🌧 ⛄
일어난 시간	시 분	잠잔 시간	시 분

오늘의 point

1. ☐

2. ☐

3. ☐

시간	학습 계획
~	
~	
~	
~	

46 대응

두 수의 짝짓기 대응

두 수를 서로 짝짓는 것을 대응이라 하고,
하나의 미지수 x와 또다른 미지수를 y (와이)
라 놓고 서로의 대응관계를 식으로 나타낼
수 있습니다.

아빠는 엄마보다 3살 더 많습니다.
엄마나이와 아빠나이의 대응관계는

엄마나이	20	21	22	....
아빠나이	23	24	25	....

엄마나이를 x, 아빠나이를 y 라 할때,
y 는 x보다 3이 많고, 이것을 식으로는
$y = x + 3$ 혹은 $y = 3 + x$ 로 나타냅니다.

표를 완성하고 미지수 x와 미지수 y의 대응관계를 식으로 나타내세요.

1

x	1	2	3	4	5	....
y	11	12	13		15	....

$+$ ☐

식 : $y =$ _____

2

x	16	17	18		20	....
y	1	2	3	4	5	....

$-$ ☐

식 : $y =$ _____

3

x	4	8	12	16		....
y	1	2	3	4	5	....

$\div$ ☐

식 : $y =$ _____

4

x	1	2	3	4	5	....
y	5	10		20	25	....

$\times$ ☐

식 : $y =$ _____

7문제 중 ☐ 문제 맞았어!

5

x	21	22	23	24		····
y	15	16	17		19	····

$- \square$

식 : $y =$ _____

6

x	4	5	6		8	····
y	8	10	12	14		····

$\times \square$

식 : $y =$ _____

7

x	27	36	45	54		····
y	3	4	5		7	····

$\div \square$

식 : $y =$ _____

 나의 생활 일기

어제의 학업 성취도 : 1   2   3   4   5

날짜	월 일 요일	날씨	☀ ⛅ 🌧 ☃
일어난 시간	시 분	잠잔 시간	시 분

오늘의 point

1. ☐

2. ☐

3. ☐

시간	학습 계획
~	
~	
~	
~	

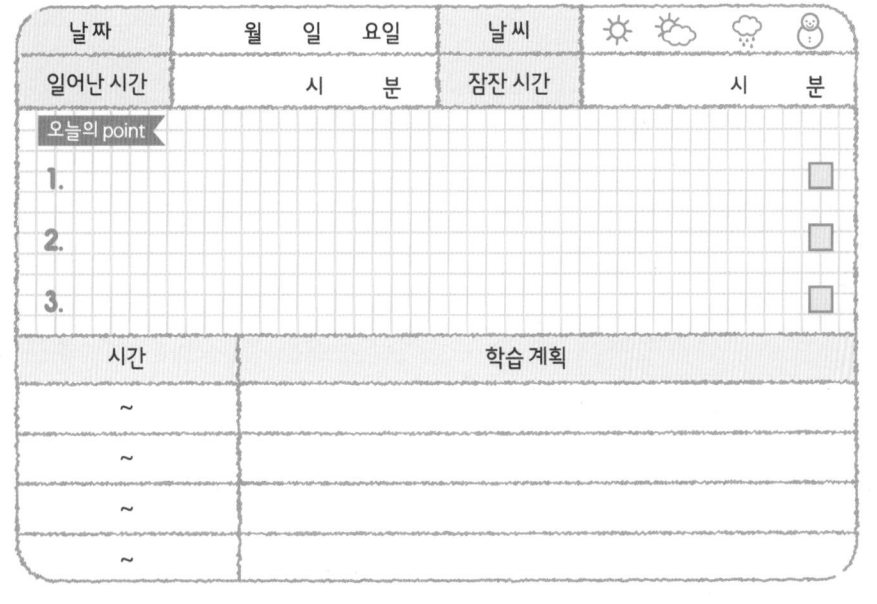

 정비례

x가 2배, 3배, 4배,…로 변할때

y도 2배, 3배, 4배,…로 변하는 관계를

y는 x에 정비례한다고 하고,

식으로는 y = 커지는수 × x 로 나타냅니다.

		2배	3배	4배	
x	1	2	3	4	×5
y	5	10	15	20	
		2배	3배	4배	

x가 2배,3배…로 커질때 y도 2배, 3배…로 커져서 정비례히고, 대응식은 y=5×x 입니다.

 표를 완성하고 미지수 x와 미지수 y의 대응관계를 식으로 나타내세요.

1

x	1	2	3	4	5	….
y	10	20	30		50	….

× ☐

식 : y =

2

x	2	4	6		10	….
y	6	12	18	24	30	….

× ☐

식 : y =

3

x	3	6	9	12		….
y	12	24	36	48	60	….

× ☐

식 : y =

4

x	4	8	12	16	20	….
y	8	16		32	40	….

× ☐

식 : y =

 7문제 중 문제 맞았기!

5

x	5	10	15	20		....
y	15	30	45		75	....

$\times$

식 : $y =$ ....

6

x	6	12	18		30	....
y	24	48	72	96		....

$\times$ ☐

식 : $y =$ ....

7

x	7	14	21	28		....
y	14	28	42		70	....

$\times$ ☐

식 : $y =$ ....

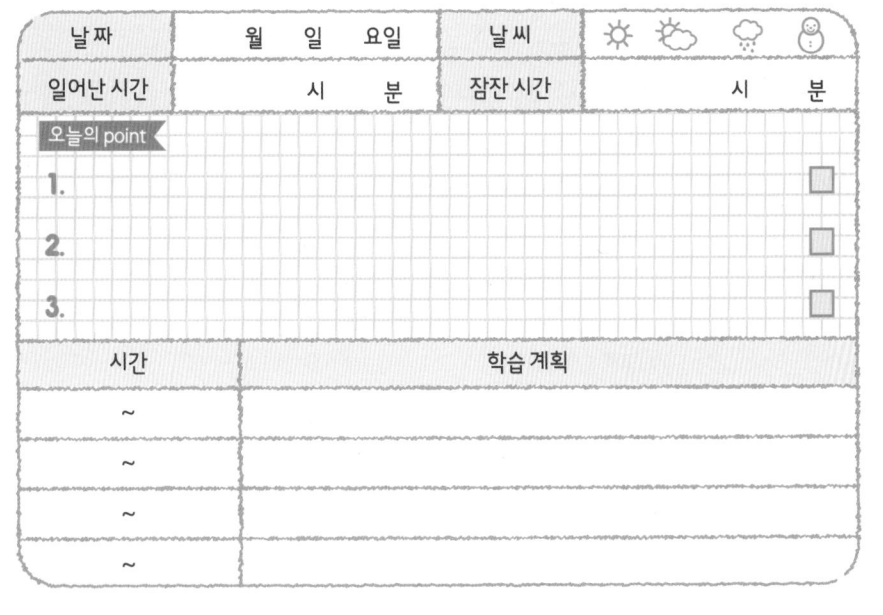

나의 생활 일기

어제의 학업 성취도 : **1 2 3 4 5**

날짜	월 일 요일	날씨	☀ ☁ ☂ ☃
일어난 시간	시 분	잠잔 시간	시 분

오늘의 point

1. ☐
2. ☐
3. ☐

시간	학습 계획
~	
~	
~	
~	

48 정비례(연습)

 아래 글을 읽고 대응관계를 식으로 나타내세요.

1 봉투 1개에 과자가 2개씩 들었습니다. 봉투 수 x와 과자수 y의 대응관계를 식으로 나타내세요.

2 감기가 걸려 하루에 2개씩 알약을 먹어야 합니다. x일동안 먹어야 할때 필요한 알약의 수 y의 대응관계를 식으로 나타내세요.

3 나는 매일 용돈을 200원 받습니다. x일 동안 받은 용돈이 y원일 때 대응관계를 식으로 나타내세요.

4 세로의 길이가 6cm인 직사각형이 있습니다. 가로 길이 x가 변함에 따라 이 직사각형의 넓이 y의 대응관계를 식으로 나타내세요.

5 엄마차는 1시간에 80km를 간다고 합니다. 간시간 x와 그 시간 동안 간거리 y의 대응관계를 식으로 나타내세요.

7문제 중 ○ 문제 맞았기!

6 어항 하나에 금붕어를 8마리씩 넣으려고 합니다. 사용되는 어항의 수 x와 그때 필요한 금붕어의 수 y의 대응관계를 식으로 나타내세요.

7 분식집에 있는 튀김의 값 1개 300원입니다. 튀김 x개를 먹으면 y원을 내야 할때, 대응관계를 식으로 나타내세요.

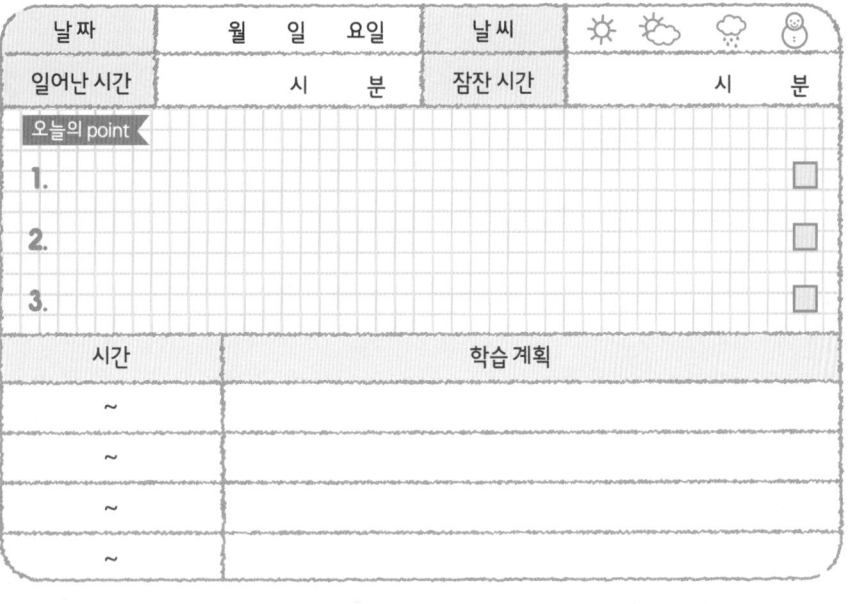

🐤 **나의 생활 일기**

어제의 학업 성취도 : 1 **2** 3 4 5

날짜	월 일 요일	날씨	☀ ⛅ 🌧 ⛄
일어난 시간	시 분	잠잔 시간	시 분

오늘의 point

1. ☐

2. ☐

3. ☐

시간	학습 계획
~	
~	
~	
~	

49 반비례

 정비례

x가 2배, 3배, 4배, ⋯로 변할때
y는 $\frac{1}{2}$배, $\frac{1}{3}$배, $\frac{1}{4}$배, ⋯로 변하는 관계를

y는 x에 반비례한다고 하고,

식으로는 $x \times y =$ 어떤수 로 나타냅니다.

	2배	3배	4배
x	1	2	3	4
y	36	18	12	9
	$\frac{1}{2}$배	$\frac{1}{3}$배	$\frac{1}{4}$ 배

x가 2배,3배...로 커질때 y도 $\frac{1}{2}$배, $\frac{1}{3}$배...로 변해서 반비례하고, 대응식은 $x \times y$=36 입니다.

 표를 완성하고 미지수 x와 미지수 y의 대응관계를 식으로 나타내세요.

1

x	1	2	3	5	30	⋯⋯
y	30	15	10		1	⋯⋯

식 : $x \times y =$ _____

2

x	1	2	3		18	⋯⋯
y	18	9	6	2	1	⋯⋯

식 : $x \times y =$ _____

3

x	1	2	4	5		⋯⋯
y	40	20	10	8	4	⋯⋯

식 : $x \times y =$ _____

4

x	1	2	4	6	12	⋯⋯
y	24	12		4	2	⋯⋯

식 : $x \times y =$ _____

 7문제 중 ◯ 문제 맞았어!

5

x	1	2	4	5		....
y	80	40	20		10	....

식: $x \times y =$ _____

6

x	2	4	8		20	....
y	80	40	20	10		....

식: $x \times y =$ _____

7

x	2	3	4	6		....
y	24	16	12		6	....

식: $x \times y =$ _____

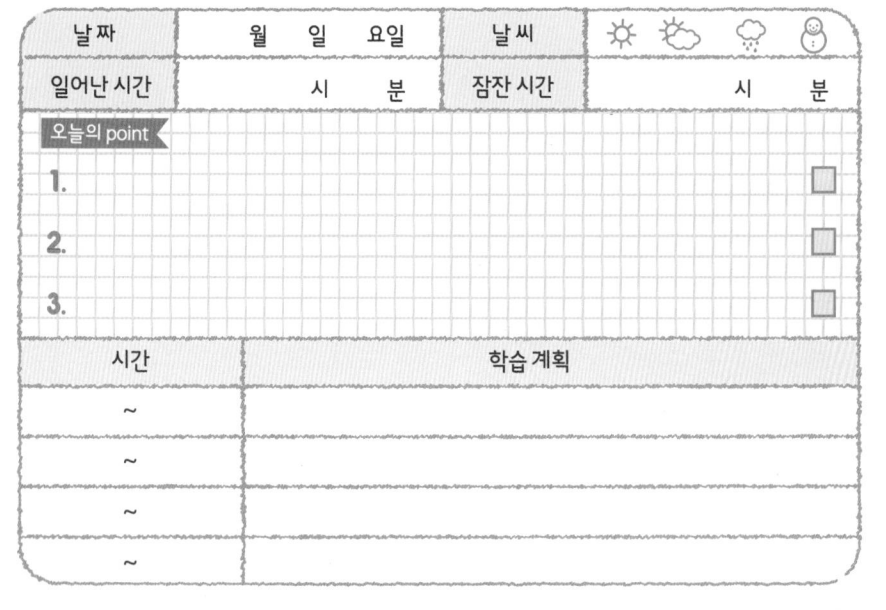

나의 생활 일기

어제의 학업 성취도 : 1 2 3 4 5

날짜	월 일 요일	날씨	☼ ☁ ☂ ☃
일어난 시간	시 분	잠잔 시간	시 분

오늘의 point

1. ☐

2. ☐

3. ☐

시간	학습 계획
~	
~	
~	
~	

 아래 글을 읽고 대응관계를 식으로 나타내세요.

1 연필 50개를 똑같이 나누어 주려고 합니다. 사람 수 x명과 한 사람이 가지게 되는 연필의 수 y의 대응관계를 식으로 나타내세요.

2 넓이가 $48cm^2$인 직사각형이 있습니다. 세로의 길이 x와 가로의 길이 y의 대응관계를 식으로 나타내세요.

3 우유 800mL를 컵에 똑같이 나누어 담으려 합니다. 컵 수 x개와 한개의 컵에 담는 양 y의 대응관계를 식으로 나타내세요.

4 한 시간에 $x$km씩 가서 y시간 동안 운전을 하니 100km를 갔습니다. 이때 x와 y의 대응관계를 식으로 나타내세요.

5 봉투 몇 장을 샀더니 1200원이 들었습니다. 봉투의 수 x와 봉투 1장의 가격 y의 대응관계를 식으로 나타내세요.

7문제 중 ◯ 문제 맞았기!

6 금붕어 40마리를 어항 x개에 y개씩 똑같이 나누어 키울려고 합니다. 이때 어항과 금붕어의 대응관계를 x와 y로 나타내세요.

7 30페이지 참고서를 x일 동안 모두 보려면 하루에 y페이지씩 보아 야 합니다. 이때 x와 y의 대응관계를 나타내세요.

나의 생활 일기

어제의 학업 성취도 : 1　2　3　4　5

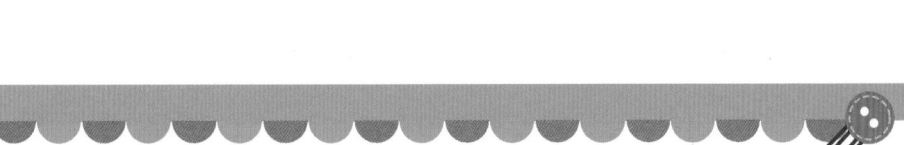

날짜	월　일　요일	날씨	☀ ⛅ ☁ ☂ ☃
일어난 시간	시　　분	잠잔 시간	시　　분

오늘의 point ◀

1.　☐

2.　☐

3.　☐

시간	학습 계획
~	
~	
~	
~	

 아래 물음에 식을 만들고, 답하세요.

1 어떤 수 x에 9를 더하였더니 21이 되었습니다. 어떤 수 x는 얼마인지 구하는 식을 만들고, x를 구하세요.

2 어떤 수 x를 4배한 후 5를 빼면 43이 됩니다. 식을 만들고 어떤 수 x를 구하세요.

3 어떤 수 x를 5를 나누고 8을 더하면 12가 됩니다. 식을 만들고 x를 구하세요.

4 어떤 수 x를 6으로 나누고 4를 곱하였더니 10이 되었습니다. 식을 만들어 x를 구하세요.

5 어떤 수 x에 2를 더한 수에 5를 곱하였더니 30이 되었습니다. 식을 만들고 x를 구하세요.

6 어떤 수 x에서 2를 뺀 수를 3으로 나누었더니 5가 되었습니다. 식을 만들고 x를 구하세요.

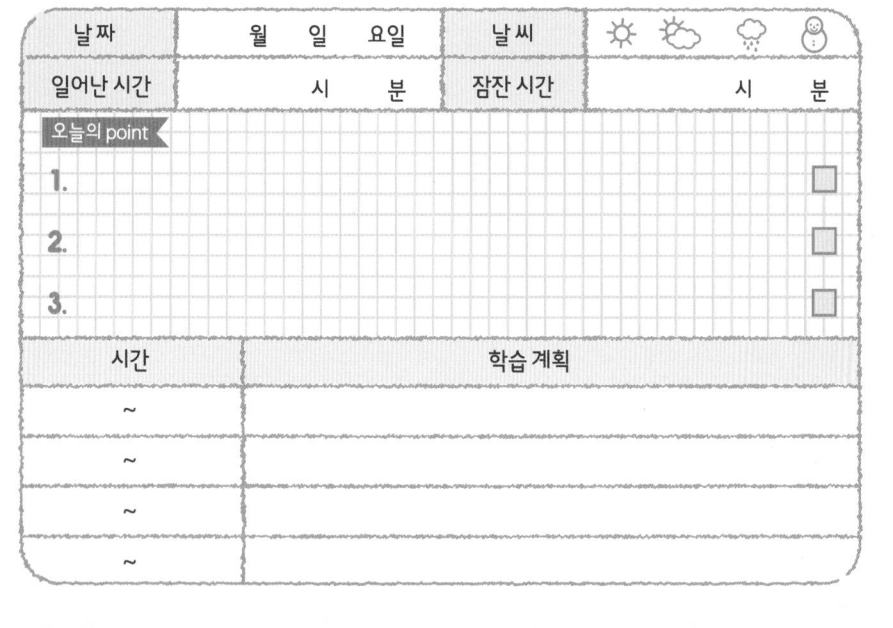

나의 생활 일기

어제의 학업 성취도: 1 2 3 4 5

날짜		월 일 요일	날씨	☀ ⛅ ☔ ☃
일어난 시간		시 분	잠잔 시간	시 분

오늘의 point ▶

1. ☐

2. ☐

3. ☐

시간	학습 계획
~	
~	
~	
~	

 아래 물음에 식을 만들고, 답하세요.

1 어떤 수 x에 6배를 한 후 28를 더하였더니 100이 되었습니다. 어떤 수 x는 얼마인지 식을 만들고, x를 구하세요.

2 어떤 수 x를 3배한 후 13을 빼면 50이 됩니다. 식을 만들고 어떤 수 x를 구하세요.

3 12에 x를 곱한 다음 3을 곱하면 288이 됩니다. 식을 만들고 x를 구하세요.

4 어떤 수 x를 20으로 나누고 9를 더하면 15가 되었습니다. 식을 만들어 x를 구하세요.

6문제 중 ○문제 맞았어!

115

5 8에 어떤 수 x를 곱해서 3을 더했더니 35가 되었습니다. 식을 만들고 x를 구하세요.

6 6에서 어떤 수 x를 더한 다음 3으로 나누었더니 4가 되었습니다. 식을 만들고 x를 구하세요.

 나의 생활 일기

어제의 학업 성취도 : **1 2 3 4 5**

날짜	월 일 요일	날 씨	☀ ⛅ ☁ ⛄
일어난 시간	시 분	잠잔 시간	시 분

오늘의 point

1.	☐
2.	☐
3.	☐

시간	학습 계획
~	
~	
~	
~	

53 식 만들어 답 찾기 (3)

소리내
풀기 **미지수 x를 정하여 식을 만들고, 물음에 답하세요.**

1 영재는 어머니로 부터 **700**원을 받았더니 가지고 있던 돈이 **2300**원
되었습니다. 영재가 처음 가지고 있던 돈은 얼마입니까?

① 미지수 x를 정합니다.
② 식을 만듭니다.
③ 식을 풀어 x를 알아냅니다.
④ 답을 적습니다. (x가 반드시 답이 아닐수도
 있습니다. 문제의 물음에 대한 답을 적습니다.)

① 미지수 x = 영재가 처음가진 돈
② $x+700=2300$
③ $x=1600$ (영재가 처음 가진돈은 1600원)
④ 답 : 1600원

2 진우는 색종이를 동생에게 몇장 주고 자기가 **12**장을 사용해서 모두
27장을 사용했습니다. 동생에게 준 색종이는 몇장입니까?

3 효민이네 반에서 폐품을 모으고 있습니다. 오늘 **13**명이 가지고와 모두
29명이 가지고 왔습니다. 어제까지 가지고 온 학생수는 몇명인가요?

4 윤희는 동화책을 **20**분에 한권씩 읽습니다. 쉬지 않고 읽으면 윤희는
두 시간에 몇 권을 읽을 수 있을까요?

6문제중 ◯ 문제 맞았어!

5 현이는 800원하는 빵 몇 개를 사고, 600원하는 음료수를 1개 샀더니 3800원이 들었습니다. 빵을 몇 개 샀을까요?

6 민수는 70000원 하는 자전거를 사기 위해 하루에 2500원씩 모으기로 했습니다. 몇 일만에 자전거를 살 수 있을까요?

 나의 생활 일기

어제의 학업 성취도 : 1 2 3 4 5

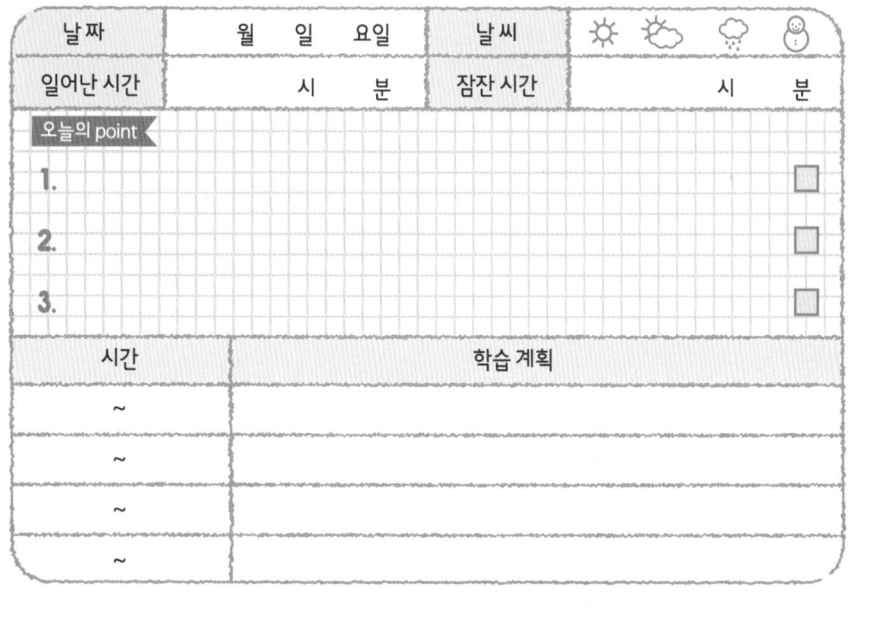

날짜	월 일 요일	날씨	☀ ☁ ☂ ☃
일어난 시간	시 분	잠잔 시간	시 분

오늘의 point

1. ☐
2. ☐
3. ☐

시간	학습 계획
~	
~	
~	
~	

 미지수 x를 정하여 식을 만들고, 물음에 답하세요.

1 민지는 700원짜리 공책 몇권과 200원짜리 지우개 1개를 샀더니 3700원이 들었습니다. 공책을 몇 권 샀나요?

2 상현이는 책을 한권 사기위해 점원에게 5000원을 주고 거스름돈 520원을 받았습니다. 이 책을 동생 것까지 같이 사려면 얼마가 있어야 할까요?

3 과일 가게에서 귤 한박스를 샀더니 19개 상해서 버리고 132개가 되었습니다. 처음 귤 한박스에는 몇개가 들어 있을까요?

4 600원하는 아이스크림 몇개를 사고 400원하는 음료수 1개를 샀더니 10000원이 들었습니다. 아이스크림은 몇개 샀을까요?

6문제 중 ◯ 문제 맞았기!

5 햄버거 할인 쿠폰 **5**장을 써서 **2500**원을 할인 받았습니다. **3500**원을 할인받으려면 쿠폰이 몇장 있어야 할까요?

6 우리동네 마을 버스는 **4**정거장 가는데 **12**분이 걸립니다. 우리집에서 공원까지 가는데 **7**정거장이면 몇분동안 버스를 타야할까요?

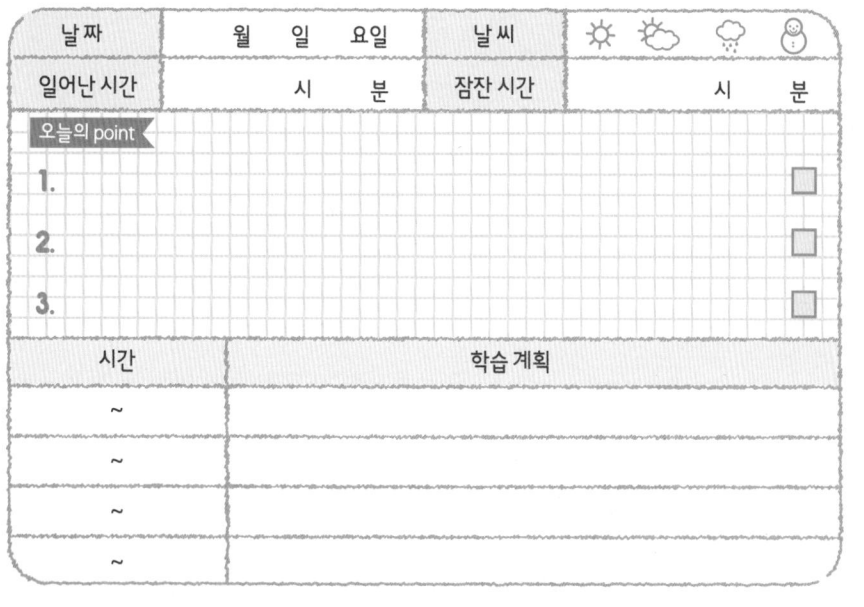

나의 생활 일기

어제의 학업 성취도 : 1 2 3 4 5

날짜	월 일 요일	날씨	☀ ⛅ ☔ ☃
일어난 시간	시 분	잠잔 시간	시 분

오늘의 point

1. ☐
2. ☐
3. ☐

시간	학습 계획
~	
~	
~	
~	

55 식만들어 답찾기(5)

미지수 x를 정하여 식을 만들고, 물음에 답하세요.

1 명수는 300원하는 지우개 4개와 500원하는 풀 5개를 사고 700원이 남았습니다. 처음가지고 있던 돈은 얼마일까요 ?

2 한개에 200원인 과자를 4개의 상자에 담았더니 4000원이 되었습니다. 한 상자에는 과자 몇개씩 들어갈까요?

3 어머니, 아버지께 카네이션 5송이씩 사드리는데 3500원 들었습니다. 카네이션 1송이의 가격은 얼마일까요?

4 한권에 800원짜리 공책 몇권을 샀는데 주인 아주머니가 400원을 할인해 주어 6000원을 드렸습니다. 공책 한권에 얼마씩 할인한 것일까요?

6문제 중 ○ 문제 맞았기!

5 형은 1000원씩 용돈을 받고, 나는 500원씩 매일 받습니다. 형은 용돈받은 돈을 모두 모아 15000원이 되었습니다. 내가 받은 용돈을 모두 모았다면 얼마가 될까요?

6 기차는 1시간에 250km를 가고 자동차는 1시간에 110km를 간다고 합니다. 기차가 625km를 가는동안 자동차는 몇 km갈까요?

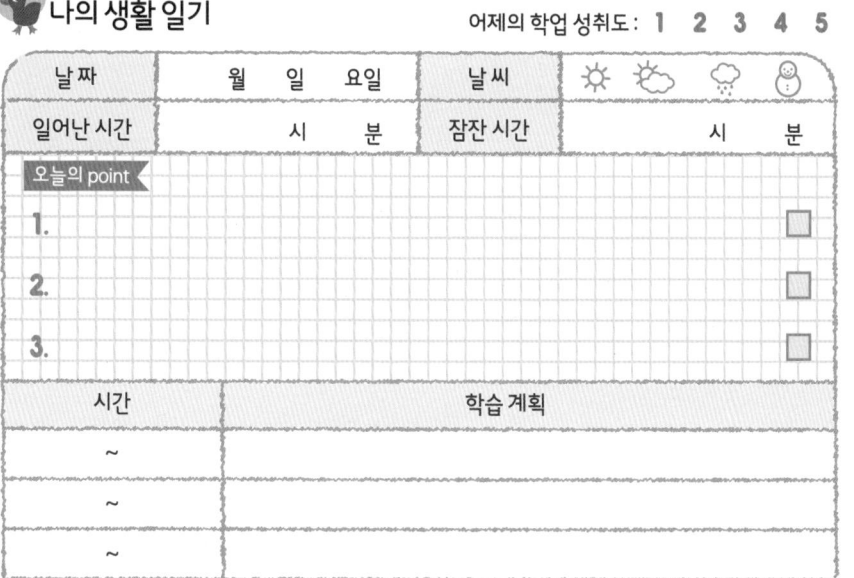

🐤 **나의 생활 일기**

어제의 학업 성취도 : **1 2 3 4 5**

날짜	월 일 요일	날씨	☀ ⛅ 🌧 ⛄
일어난 시간	시 분	잠잔 시간	시 분

오늘의 point

1. ☐

2. ☐

3. ☐

시간	학습 계획
~	
~	
~	
~	

 미지수 x를 정하여 식을 만들고, 물음에 답하세요.

1 재석이는 120쪽인 문제집을 매일 아침 똑같은 양을 공부해서 30일 만에 모두 풀려고 합니다. 하루에 몇 쪽씩 풀어야 하나요?

2 1000원으로 우표를 3장 샀더니 거스름돈이 100원 이었습니다. 우표 2장을 사는 데는 얼마가 필요할까요?

3 한 개의 무게가 320g인 통조림 12개를 상자 1개에 넣어서 저울에 달았더니 무게가 3900g이었습니다. 상자의 무게는 얼마일까요?

4 공책 6권을 한 권에 150원씩 할인하여 4200원에 샀습니다. 할인 하기 전 공책 두 권의 가격은 얼마일까요?

6 문제 중 ○ 문제 맞았니!

5 한솔이는 학교까지 가는데 **10**분이 걸리고, 나는 **15**분이 걸립니다. 매일 한솔이는 **8**시 **5**분에 도착한다고 해서 나도 같이 학교에 도착하고 싶습니다. 나는 몇시에 학교로 출발해야 할까요?

6 민재는 그림 **1**장을 그리는데 **20**분이 걸리고, 가희는 **10**분이 걸립니다. 민재가 하루 **1**시간씩 **5**일동안 그린 그림의 양을 가희가 한번에 그리려면 몇분동안 그려야 할까요?

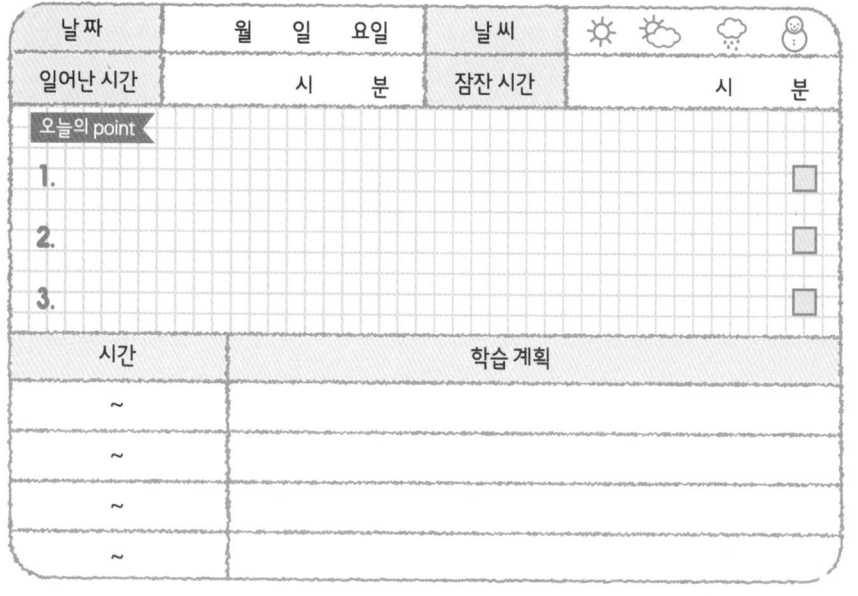

나의 생활 일기

어제의 학업 성취도 : 1 2 3 4 5

날짜	월 일 요일	날씨	☼ ☁ ☂ ☃
일어난 시간	시 분	잠잔 시간	시 분

오늘의 point
1.
2.
3.

시간	학습 계획
~	
~	
~	
~	

57 분수와 소수의 혼합계산 (연습9)

 아래 문제를 풀고, 답은 분수로 적으세요.

1 $3.5 \times 1\dfrac{3}{7} + 4\dfrac{1}{2} \div 0.3 - 12.25 =$

2 $6.4 - \dfrac{5}{6} \times 7\dfrac{1}{5} \div 1.2 + \dfrac{1}{3} =$

3 $5\dfrac{1}{4} \div 2\dfrac{1}{3} - 0.75 \times \dfrac{4}{15} - 1.1 =$

4 $0.1 \div \dfrac{3}{20} \times 4.25 - \dfrac{1}{2} + 0.7 =$

5 $1.8 + \dfrac{5}{6} \times (0.4 + 0.2) - \dfrac{3}{10} =$

6 $\dfrac{4}{7} \div 1.6 \times \dfrac{14}{15} + 0.8 \div 1\dfrac{1}{5} =$

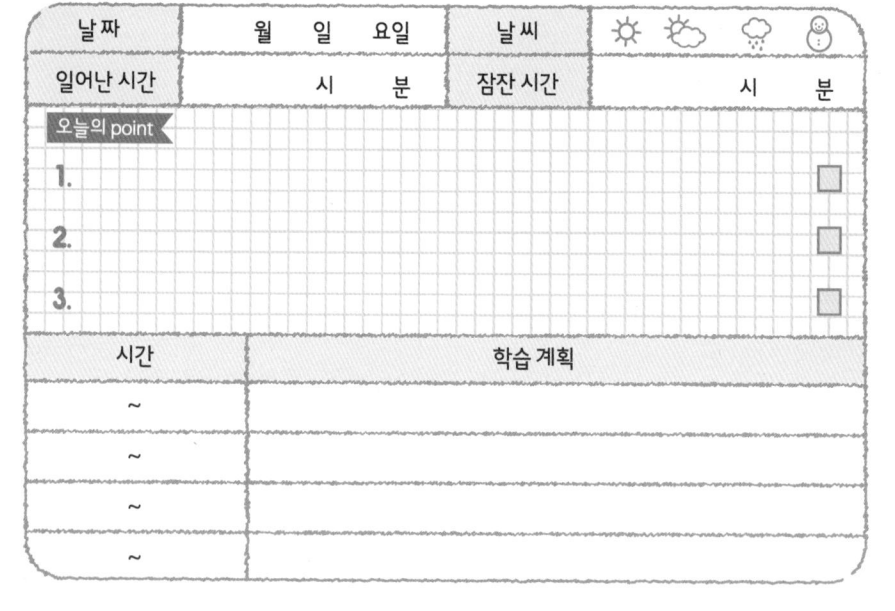

나의 생활 일기

어제의 학업 성취도 : **1 2 3 4 5**

날짜	월 일 요일	날씨	☀ ⛅ ☁ ⛄
일어난 시간	시 분	잠잔 시간	시 분

오늘의 point

1. ☐

2. ☐

3. ☐

시간	학습 계획
~	
~	
~	
~	

아래 문제를 풀고, 답은 분수로 적으세요.

1 $2\frac{1}{2} \times 2 + 1\frac{1}{4} \div 1.5 \times \frac{3}{5} =$

2 $1.6 \div (\frac{3}{4} + 0.125) \times 1\frac{1}{6} - \frac{1}{3} =$

3 $3\frac{1}{3} + 1\frac{4}{5} \div 2.7 + 0.2 \div \frac{4}{5} =$

4 $\frac{1}{2} \times (1\frac{1}{3} + 0.4) + 1\frac{1}{5} \div 0.6 =$

6문제중 ◯ 문제 맞았어!

5 $2.1 \div \dfrac{21}{25} - 4.5 \times \left(\dfrac{4}{5} - 0.6 \right) =$

6 $\dfrac{4}{15} + 1.4 \div \dfrac{14}{15} \times 0.8 \times 2\dfrac{1}{2} =$

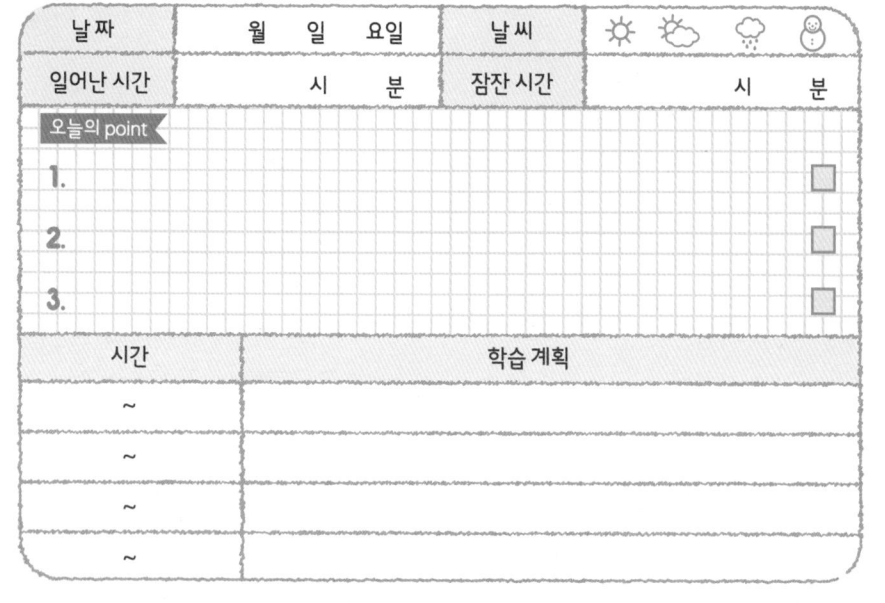

나의 생활 일기

어제의 학업 성취도 : **1 2 3 4 5**

날짜	월 일 요일	날씨	☀ ⛅ 🌧 ☃
일어난 시간	시 분	잠잔 시간	시 분

오늘의 point

1. ☐
2. ☐
3. ☐

시간	학습 계획
~	
~	
~	
~	

아래 문제를 풀고, 답은 분수로 적으세요.

1 $0.9 + \dfrac{1}{3} \times 0.2 \times 0.15 \times \dfrac{5}{6} =$

2 $4.2 - \dfrac{3}{4} \times 4.7 \div (1\dfrac{3}{4} + \dfrac{3}{5}) =$

3 $1\dfrac{2}{3} + 3.5 \times 2 \div (2\dfrac{4}{5} \times 1.5) =$

4 $\dfrac{1}{2} - 1\dfrac{1}{2} \div (0.75 + \dfrac{1}{2}) \times 0.2 =$

6문제 중 　 문제 맞았어!

5 $\dfrac{4}{21} \div (\dfrac{1}{2} - 0.4) \times 1.4 =$

6 $4.5 \times \dfrac{8}{15} + (\dfrac{2}{3} + 1\dfrac{5}{6}) \div 0.5 - 2\dfrac{1}{4} =$

🐦 나의 생활 일기

어제의 학업 성취도 : **1 2 3 4 5**

날짜	월 일 요일	날씨	☀ ⛅ ☔ ⛄
일어난 시간	시 분	잠잔 시간	시 분

오늘의 point

1. ☐

2. ☐

3. ☐

시간	학습 계획
~	
~	
~	
~	

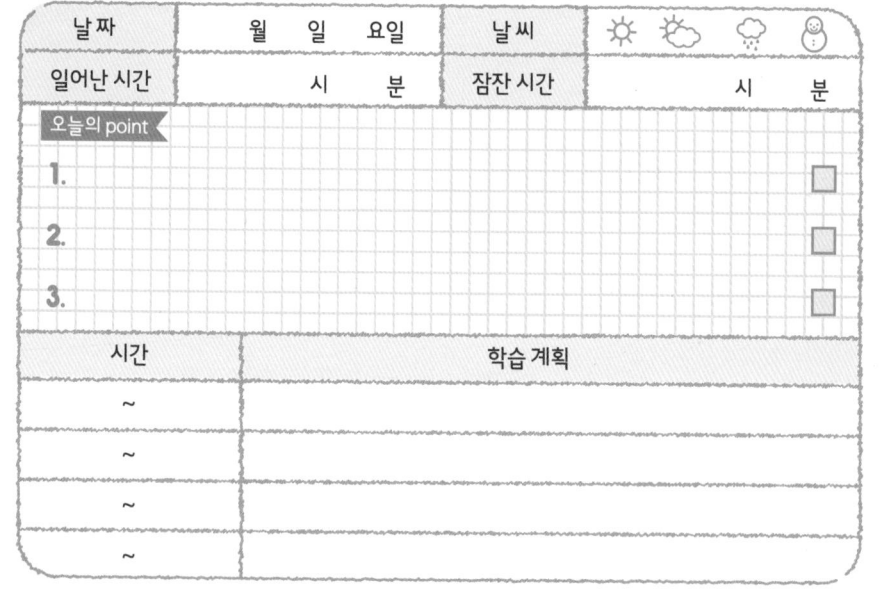

분수와 소수의 혼합계산 (연습12)

아래 문제를 풀고, 답은 분수로 적으세요.

1 $2.2 \times 0.5 \div \left(\dfrac{1}{4} - \dfrac{1}{5} \right) + 2\dfrac{7}{10} =$

2 $2.1 - \dfrac{3}{4} \div 2\dfrac{1}{7} \div 2.1 + \dfrac{1}{6} =$

3 $3.2 - \left(0.8 - \dfrac{2}{7} \right) \times \left(1\dfrac{1}{2} + 2\dfrac{2}{3} \right) - \left(1.5 - \dfrac{1}{2} \right)$

4 문제 중 ◯ 문제 맞았어!

$$4 \quad 2.4 \times (1\frac{1}{4} + \frac{1}{8}) \div (1\frac{3}{5} - 1.2) \div \frac{4}{5} \times 3.2 =$$

🍅 나의 생활 일기

아래의 항목에 ○표하세요: 1 2 3 4 5

날짜	월 일 요일	날씨 ☀ ☁ ☂ 😊
일어난 시간	시 분	잠잔 시간	시 분

▶ 오늘의 point
1. □
2. □
3. □

시간	활동 계획
~	
~	
~	
~	

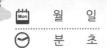

아래 분수를 한번에 통분하여 계산하세요.

1 $\dfrac{1}{2} + \dfrac{3}{16} + \dfrac{1}{8} =$

2 $\dfrac{3}{4} - \dfrac{1}{3} - \dfrac{1}{6} =$

3 $\dfrac{3}{4} - \dfrac{5}{12} - \dfrac{1}{3} =$

4 $\dfrac{4}{5} - \dfrac{1}{3} + \dfrac{5}{6} =$

5 $\dfrac{5}{6} + \dfrac{3}{8} - \dfrac{7}{12} =$

6 $\dfrac{1}{12} + \dfrac{4}{9} - \dfrac{1}{4} =$

7 $\dfrac{5}{6} - \dfrac{5}{7} + \dfrac{2}{21} =$

  7 문제 중 ◯ 문제 맞았어!

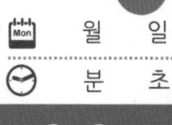

연습2 분수의 계산

소리내
풀기

아래 분수를 한번에 통분하여 계산하세요.

1 $\dfrac{2}{7} + \dfrac{1}{2} + \dfrac{1}{4} =$

2 $\dfrac{7}{9} - \dfrac{1}{6} - \dfrac{1}{4} =$

3 $\dfrac{5}{6} - \dfrac{1}{4} + \dfrac{1}{3} =$

4 $1\dfrac{1}{12} - \dfrac{1}{3} + \dfrac{1}{6} =$

5 $\dfrac{3}{4} - \dfrac{1}{6} + \dfrac{1}{12} =$

6 $2\dfrac{1}{15} - \dfrac{4}{5} + \dfrac{1}{10} =$

7 $\dfrac{5}{16} - \dfrac{1}{12} + \dfrac{2}{3} =$

연습3 소수의 곱셈

소리내
풀기

아래 소수의 곱셈을 계산해 보세요.

1
```
    2 1
  × 4.7
```

5
```
    6.2
  × 7.4
```

9
```
  0.7 3
  ×   4.6
```

2
```
    4 3
  × 2.6
```

6
```
    3.7
  × 6.5
```

10
```
  0.8 1
  ×   5.9
```

3
```
    1.8
  × 5 2
```

7
```
    5.9
  × 8.6
```

11
```
      6.2
  × 0.2 8
```

4
```
    3.6
  × 1 3
```

8
```
    4.5
  × 9.1
```

12
```
      9.6
  × 0.3 5
```

12 문제 중 ◯문제 맞았어!

월 일
분 초

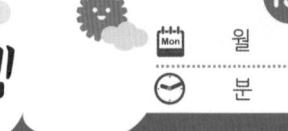

연습4 소수의 곱셈

소리내 풀기

아래 소수의 곱셈을 계산해 보세요.

1. 27×3.1

2. 60×4.5

3. 3.2×28

4. 4.6×70

5. 5.1×2.7

6. 8.5×3.6

7. 7.9×5.8

8. 6.3×2.4

9. 0.17×6.9

10. 0.42×7.3

11. 0.91×8.5

12. 0.39×9.8

12 문제 중 ◯ 문제 맞았어!

Mon 월 일
분 초

 소리내 풀기

아래 분수의 나눗셈을 계산해 보세요.

1 $\dfrac{96}{97} \div \dfrac{90}{97} =$

2 $\dfrac{3}{4} \div \dfrac{60}{12} =$

3 $\dfrac{35}{42} \div \dfrac{25}{18} =$

4 $\dfrac{7}{16} \div \dfrac{7}{12} =$

5 $\dfrac{11}{12} \div \dfrac{5}{18} =$

6 $\dfrac{35}{42} \div \dfrac{45}{36} =$

7 $5\dfrac{5}{8} \div \dfrac{35}{8} =$

8 $\dfrac{3}{20} \div 5\dfrac{1}{4} =$

9 $2\dfrac{9}{20} \div \dfrac{35}{10} =$

10 $\dfrac{15}{11} \div 1\dfrac{2}{33} =$

11 $1\dfrac{1}{14} \div 1\dfrac{1}{4} =$

11 문제 중 ◯문제 맞았기!

137

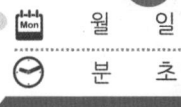

연습6 분수의 나눗셈

 아래 분수의 나눗셈을 계산해 보세요.

1 $\dfrac{49}{89} \div \dfrac{63}{89} =$

2 $\dfrac{1}{16} \div \dfrac{13}{24} =$

3 $\dfrac{9}{14} \div \dfrac{2}{21} =$

4 $\dfrac{7}{18} \div \dfrac{7}{9} =$

5 $\dfrac{35}{56} \div \dfrac{25}{42} =$

6 $\dfrac{32}{63} \div \dfrac{12}{54} =$

7 $5\dfrac{5}{9} \div \dfrac{50}{99} =$

8 $\dfrac{9}{35} \div 2\dfrac{1}{7} =$

9 $3\dfrac{4}{7} \div \dfrac{15}{14} =$

10 $\dfrac{8}{15} \div 5\dfrac{7}{5} =$

11 $9\dfrac{3}{40} \div \dfrac{9}{40} =$

 소리내
풀기

아래 나눗셈을 소수 둘째자리까지 몫을 구하고, 나머지를 구하세요.

1

$0.4\overline{)1.5}$

4

$1.9\overline{)4.7}$

7

$2.8\overline{)6.1\ 7}$

2

$0.9\overline{)3.4}$

5

$1.5\overline{)9.5}$

8

$3.7\overline{)4.2\ 5}$

3

$0.8\overline{)5.3}$

6

$2.7\overline{)6.3}$

9

$4.9\overline{)9}$

Mon 월 일 분 초

연습8 소수의 나눗셈

소리내 풀기

아래 나눗셈을 소수 둘째자리까지 몫을 구하고, 나머지를 구하세요.

1 0.07)0.1 9

4 0.62)0.9 4

7 3.06)6.1 7

2 0.08)0.5 8

5 1.25)0.4 9

8 3.71)4.6 8

3 0.16)0.2 4

6 1.78)0.3 4

9 6.65)4

9 문제 중 ◯ 문제 맞았어!

하루를 준비하는
아침 5분 수학
6학년 2학기 정답

③ 18,18,(25,2),(45,2),22 $\frac{1}{2}$ ④3 $\frac{3}{5}$ ⑤3 $\frac{1}{2}$
⑥2 $\frac{4}{5}$ ⑦3 $\frac{3}{5}$ ⑧2 $\frac{2}{5}$ ⑨ $\frac{4}{5}$ ⑩2 $\frac{1}{3}$

09 ①1 $\frac{4}{5}$ ②3 $\frac{1}{5}$ ③ 3 ④3 $\frac{2}{3}$ ⑤3 $\frac{1}{3}$ ⑥1 $\frac{2}{3}$
⑦12 $\frac{6}{7}$ ⑧2 $\frac{7}{9}$ ⑨ $\frac{2}{7}$ ⑩2 $\frac{1}{7}$ ⑪5 $\frac{5}{6}$ ⑫1 $\frac{1}{20}$

01 ① 2 ②1 $\frac{1}{2}$ ③ $\frac{1}{4}$ ④ $\frac{1}{18}$ ⑤ $\frac{1}{2}$ ⑥ $\frac{3}{28}$
⑦ $\frac{2}{15}$ ⑧ $\frac{3}{8}$ ⑨1 $\frac{5}{7}$ ⑩ $\frac{5}{14}$ ⑪ $\frac{7}{16}$ ⑫ 1 $\frac{1}{9}$
⑬ $\frac{10}{27}$ ⑭12 $\frac{1}{2}$ ⑮ 1 ⑯1 $\frac{1}{4}$ ⑰ $\frac{1}{4}$ ⑱ $\frac{2}{7}$
⑲ $\frac{3}{16}$ ⑳ $\frac{1}{20}$ ㉑ $\frac{3}{8}$ ㉒ $\frac{2}{3}$ ㉓ $\frac{49}{81}$ ㉔ $\frac{5}{12}$

02 ① $\frac{1}{8}$ ② 8 ③ $\frac{4}{9}$ ④ $\frac{1}{2}$ ⑤ $\frac{18}{25}$ ⑥1 $\frac{1}{2}$
⑦2 $\frac{1}{4}$ ⑧2 $\frac{2}{5}$ ⑨ $\frac{5}{12}$ ⑩1 $\frac{23}{40}$ ⑪ $\frac{1}{5}$ ⑫ $\frac{5}{21}$
⑬ $\frac{1}{6}$ ⑭ $\frac{7}{90}$ ⑮1 $\frac{1}{2}$ ⑯2 $\frac{1}{2}$ ⑰ $\frac{3}{5}$ ⑱1 $\frac{3}{11}$
⑲ $\frac{2}{3}$ ⑳ 1 $\frac{47}{72}$

03 ① $\frac{1}{8}$ ② $\frac{1}{4}$ ③ $\frac{35}{81}$ ④ $\frac{7}{12}$ ⑤ $\frac{2}{7}$ ⑥ $\frac{3}{7}$
⑦ 4 ⑧ 3 ⑨ 1 ⑩ 1

04 ① $\frac{1}{2}$ ② $\frac{1}{6}$ ③ 1 ④ 1 ⑤ $\frac{3}{14}$ ⑥ $\frac{5}{8}$
⑦ $\frac{7}{8}$ ⑧2 $\frac{1}{6}$ ⑨ $\frac{1}{2}$ ⑩ 1 $\frac{1}{2}$

05 ① $\frac{3}{4}$ ② $\frac{1}{2}$ ③2 $\frac{1}{16}$ ④ $\frac{3}{5}$ ⑤1 $\frac{1}{5}$ ⑥1 $\frac{3}{20}$
⑦ 3 ⑧3 $\frac{1}{9}$ ⑨ $\frac{2}{3}$ ⑩ $\frac{1}{14}$

06 ①6, 0.6, 6, 2.5 ②5, 0.05, 5, 46 ③8, 0.08, 8, 22.5 ④4 ⑤3.5 ⑥1.6 ⑦1.6 ⑧5 ⑨2.5 ⑩1.2

07 ①1.4 ②2.4 ③0.5 ④4 ⑤2 ⑥5 ⑦8 ⑧7.5 ⑨0.5 ⑩2 ⑪5 ⑫1.2

08 ① 15,15,(5,3),(5,2),2 $\frac{1}{2}$ ② 23,23,(20,1),(46,1),46

10 ①24, 2.4, 24, 0.5 ②225, 2.25, 225, 0.8 ③350, 3.5, 350, 0.2 ④0.4 ⑤2 ⑥0.5 ⑦0.8 ⑧0.5 ⑨0.4 ⑩2

11 ① $\frac{4}{5}$ ② 2 ③ $\frac{1}{2}$ ④ 2 ⑤2 $\frac{4}{5}$ ⑥ $\frac{5}{6}$
⑦1 $\frac{2}{5}$ ⑧1 $\frac{3}{5}$ ⑨ $\frac{3}{25}$ ⑩ $\frac{16}{45}$ ⑪ $\frac{7}{10}$ ⑫ $\frac{18}{25}$

12 ①2, 0.2, 2, 0.5 ②75, 0.75, 75, 0.3 ③24, 0.24, 24, 0.2 ④0.2 ⑤0.5 ⑥0.5 ⑦1 ⑧0.1 ⑨0.9 ⑩0.2

13 ①1 $\frac{1}{4}$ ② $\frac{5}{14}$ ③ $\frac{8}{23}$ ④ $\frac{1}{6}$ ⑤ $\frac{1}{12}$ ⑥ $\frac{16}{25}$
⑦ $\frac{1}{25}$ ⑧ $\frac{3}{175}$ ⑨2 $\frac{1}{2}$ ⑩ $\frac{7}{60}$ ⑪ $\frac{1}{5}$ ⑫ $\frac{5}{32}$

14 ①24, 2.4, 24, 1 ②125, 1.25, 125, 0.5 ③108, 1.08, 108, 0.9 ④7 ⑤1 ⑥0.5 ⑦2.5 ⑧0.5 ⑨0.49 ⑩1

15 ①2 $\frac{1}{2}$ ② $\frac{5}{6}$ ③1 $\frac{2}{7}$ ④1 $\frac{3}{7}$ ⑤1 $\frac{1}{8}$ ⑥1 $\frac{1}{5}$
⑦ $\frac{5}{7}$ ⑧1 $\frac{7}{8}$ ⑨8 $\frac{1}{3}$ ⑩2 $\frac{13}{16}$ ⑪1 $\frac{3}{7}$ ⑫1 $\frac{7}{18}$

16 ① $\frac{1}{8}$ ② $\frac{1}{4}$ ③ $\frac{5}{9}$ ④ $\frac{7}{12}$ ⑤ $\frac{2}{7}$ ⑥ $\frac{3}{7}$
⑦ 3 ⑧ $\frac{7}{12}$ ⑨5 $\frac{5}{6}$ ⑩ $\frac{1}{4}$

17 ①1 $\frac{7}{20}$ ②5 $\frac{19}{25}$ ③ $\frac{3}{8}$ ④4 $\frac{1}{6}$ ⑤ $\frac{14}{15}$ ⑥1 $\frac{2}{25}$
⑦ $\frac{20}{21}$ ⑧ $\frac{9}{20}$ ⑨2 $\frac{4}{5}$ ⑩ $\frac{1}{3}$ ⑪ $\frac{9}{40}$ ⑫1 $\frac{1}{4}$

채점 까지 혼자 스스로 합니다.

18 ① $\frac{3}{4}$ ② $\frac{1}{30}$ ③ $2\frac{1}{12}$ ④ $\frac{14}{15}$ ⑤ $\frac{11}{28}$ ⑥ $1\frac{13}{16}$ ⑦ $\frac{109}{120}$ ⑧ 2 ⑨ $\frac{3}{5}$ ⑩ $\frac{2}{15}$

19 ① $\frac{3}{4}$ ② 2 ③ $5\frac{2}{3}$ ④ $2\frac{1}{16}$ ⑤ $\frac{11}{28}$ ⑥ $\frac{1}{12}$ ⑦ $\frac{7}{13}$ ⑧ $\frac{1}{20}$ ⑨ $2\frac{1}{4}$ ⑩ 1 ⑪ $2\frac{7}{12}$ ⑫ $\frac{1}{25}$

20 ① $\frac{13}{16}$ ② $\frac{3}{10}$ ③ $2\frac{1}{2}$ ④ $\frac{11}{18}$ ⑤ $\frac{5}{8}$ ⑥ $2\frac{1}{10}$ ⑦ $1\frac{3}{5}$ ⑧ $3\frac{3}{5}$ ⑨ $\frac{1}{8}$ ⑩ $\frac{3}{10}$

21 ① $\frac{2}{5}$ ② $\frac{13}{25}$ ③ $\frac{6}{13}$ ④ $1\frac{1}{8}$ ⑤ 3 ⑥ $\frac{1}{3}$ ⑦ $\frac{4}{5}$ ⑧ $\frac{1}{4}$ ⑨ $1\frac{1}{2}$ ⑩ $7\frac{1}{3}$ ⑪ $\frac{99}{160}$ ⑫ $\frac{1}{9}$

22 ① $7\frac{4}{5}$ ② $11\frac{1}{2}$ ③ $2\frac{7}{12}$ ④ $1\frac{7}{8}$ ⑤ $3\frac{2}{3}$ ⑥ $\frac{20}{81}$

23 ① $1\frac{7}{18}$ ② $11\frac{1}{5}$ ③ $6\frac{3}{4}$ ④ $3\frac{1}{2}$ ⑤ 1 ⑥ $3\frac{1}{5}$

24 ① $\frac{1}{10}$ ② $3\frac{2}{5}$ ③ $3\frac{4}{5}$ ④ 4 ⑤ $\frac{3}{10}$ ⑥ $\frac{7}{10}$

25 ① $\frac{1}{4}$ ② $1\frac{7}{12}$ ③ $5\frac{3}{25}$ ④ $\frac{4}{5}$ ⑤ 6 ⑥ $4\frac{1}{4}$

26 ① $3\frac{1}{10}$ ② $2\frac{3}{5}$ ③ $1\frac{14}{15}$ ④ $2\frac{3}{10}$ ⑤ $\frac{3}{25}$

27 ① 208 ② 148 ③ 242 ④ 96 ⑤ 258 ⑥ 162 ⑦ 460 ⑧ 216

28 ① 192 ② 120 ③ 210 ④ 64 ⑤ 270 ⑥ 126 ⑦ 600 ⑧ 216

29 ① 1,000,000 ② 7,000,000 ③ 2,600,000 ④ 32,000,000 ⑤ 700,000 ⑥ 1 ⑦ 4 ⑧ 5.6 ⑨ 13.2 ⑩ 0.2 ⑪ 800,000 ⑫ 1,500,000 ⑬ 2,600,000 ⑭ 10,000 ⑮ 0.12 ⑯ 0.04 ⑰ 15.6 ⑱ 0.132 (3자리씩 쉼표를 적으면 편합니다.)

30 ① 1000 ② 7000 ③ 2600 ④ 32000 ⑤ 700 ⑥ 1 ⑦ 4 ⑧ 5.6 ⑨ 13.2 ⑩ 0.2 ⑪ 800 ⑫ 1500 ⑬ 2600 ⑭ 10 ⑮ 12 ⑯ 0.4 ⑰ 156 ⑱ 1.32

31 ① 75.36 ② 43.96 ③ 169.56 ④ 200.96 ⑤ 62.8 ⑥ 188.4 ⑦ 527.52 ⑧ 314

32 ① 251.2 ② 75.36 ③ 301.44 ④ 904.32 ⑤ 37.68 ⑥ 197.82 ⑦ 904.32 ⑧ 392.5

33 ① 1,2,3,4,5,6,6 ② 2,4,6,3 ③ 1,3,5,3 ④ 1,2,2 ⑤ 5,6,2 ⑥ 0 ⑦ 5 ⑧ 4 ⑨ 4 ⑩ 0

34 ① 3 ② 3 ③ 자:자장면, 짬 : 짬뽕, 복:복음밥

엄마	자	자	자	짬	짬	짬	복	복	복
윤희	자	짬	복	자	짬	복	자	짬	복

④ 3,3,9 ⑤ 앞,뒤,2,6,6,,2,6,12

동전	앞	앞	앞	앞	앞	앞	뒤	뒤	뒤	뒤	뒤	뒤
주사위	1	2	3	4	5	6	1	2	3	4	5	6

35 ① 789,798 ② 879,897 ④ 3,2,1,6 ⑤ 3,2,1,6 ③ (순서는 바뀌어도 됩니다.)

백의 자리	7	7	8	8	9	9
십의 자리	8	9	7	9	7	8
일의 자리	9	8	9	7	8	7

⑤ (순서는 상관없습니다.)

첫번째	1	1	2	2	3	3
두번째	2	3	1	3	1	2
세번째	3	2	3	1	2	1

36 ① 7 ② 4 ③ 4 / 7 ④ 3 ⑤ 3 / 7 ⑥ 0 ⑦ 9 ⑧ 4 / 9 ⑨ 4 / 9 ⑩ 0

37 ① $x+4=9$ ② $x-12=9$ ③ $x\times4+7=19$ ④ $x-4+6=16$ ⑤ $x\times4=20$ ⑥ $21+x=32$ ⑦ $16+x=45$ ⑧ $x\times5+6=36$ ⑨ $x\div7-6=15$

38 ① $x+500=2500$ ② $x-5=10$ ③ $x-3\times7=15$ ④ $x\times8=40$ ⑤ $15-2\times x=1$ ⑥ $40\div8=x$ ⑦ $x\div2-7=13$

39 ① $50 \times 10 + 100 \times x = 900$
② $50 \times 10 + 100 \times 1 = 600$ (거짓)
③ $50 \times 10 + 100 \times 2 = 700$ (거짓)
④ $50 \times 10 + 100 \times 3 = 800$ (거짓)
⑤ $50 \times 10 + 100 \times 4 = 900$ (참) ⑥ 4개
⑦ $9 \times x = 36, x = 4$ ⑧ $3 \times x = 15, x = 5$

40 ① 2 ② 4 ③ 3 ④ 4 ⑤ 4 ⑥ 3 ⑦ 2 ⑧ 3 ⑨ 2
⑩ 3 ⑪ 4 ⑫ 3 ⑬ 1 ⑭ 1 ⑮ 4 ⑯ 2

41 ① 17 ② 72 ③ 12.9 ④ $\frac{5}{6}$ ⑤ 17 ⑥ 27 ⑦ 3.9
⑧ $\frac{1}{4}$ ⑨ $\frac{2}{5}$ ⑩ $\frac{9}{10}$ ⑪ 2 ⑫ 0.6 ⑬ 3 ⑭ 3.1

42 ① 28 ② 312 ③ 7.2 ④ $\frac{1}{2}$ ⑤ 7 ⑥ 5 ⑦ 4
⑧ 4 ⑨ 1 ⑩ 0.3 ⑪ 2 ⑫ 6 ⑬ 0.7 ⑭ 0.6

43 ① 47 ② 39 ③ 192 ④ 7 ⑤ 512 ⑥ 5 ⑦ 5
⑧ 384 ⑨ 8 ⑩ 432 ⑪ 5 ⑫ 0.85 ⑬ 3 ⑭ 1.5
⑮ 1.5 ⑯ 0.5

44 ① 7 ② 176 ③ $1\frac{1}{5}$ ④ 7 ⑤ $26\frac{2}{3}$ ⑥ 17
⑦ 180 ⑧ 1 ⑨ 20 ⑩ 39.2 ⑪ 6.5 ⑫ 0.9 ⑬ 4
⑭ 5.5 ⑮ 0.8 ⑯ 0.6

45 ① 30 ② 43 ③ 2.5 ④ $3\frac{1}{3}$ ⑤ 5 ⑥ 48 ⑦ 0.4
⑧ $1\frac{13}{15}$ ⑨ 0.4 ⑩ $1\frac{5}{7}$ ⑪ 0.5 ⑫ 0.85 ⑬ 3
⑭ 2 ⑮ $\frac{8}{15}$ ⑯ 2.4

46 ① 14,10, $y = x + 10$ ② 19,15, $y = x - 15$
③ 20,4, $y = x \div 4$ ④ 15,5, $y = x \times 5$
⑤ (25,18),6, $y = x - 6$ ⑥ (7,16),2, $y = x \times 2$
⑦ (63,6),9, $y = x \div 9$

47 ① 40,10, $y = x \times 10$ ② 8,3, $y = x \times 3$
③ 15,4, $y = x \times 4$ ④ 24,2, $y = x \times 2$
⑤ (25,60),3, $y = x \times 3$ ⑥ (24,120),4, $y = x \times 4$ ⑦ (35,56),2, $y = x \times 2$

48 ① $y = x \times 2$ ② $y = x \times 2$ ③ $y = x \times 200$
④ $y = x \times 6$ ⑤ $y = x \times 80$ ⑥ $y = x \times 8$
⑦ $y = x \times 300$

49 ① 6,30 ② 9,18 ③ 10,40 ④ 6,24 ⑤ (8,16),
80 ⑥ (16,8),160 ⑦ (8,8),48

50 ① $x \times y = 50$ ② $x \times y = 48$ ③ $x \times y =$
800 ④ $x \times y = 100$ ⑤ $x \times y = 1200$
⑥ $x \times y = 40$ ⑦ $x \times y = 30$

51 ① $x + 9 = 21, x = 12$
② $x \times 4 - 5 = 43, x = 12$
③ $x \div 5 + 8 = 12, x = 20$
④ $x \div 6 \times 4 = 10, x = 15$
⑤ $(x + 2) \times 5 = 30, x = 4$
⑥ $(x - 2) \div 3 = 5, x = 17$

52 ① $x \times 6 + 28 = 100, x = 12$
② $x \times 3 - 13 = 50, x = 21$
③ $12 \times x \times 3 = 288, x = 8$
④ $x \div 20 + 9 = 15, x = 120$
⑤ $8 \times x + 3 = 35, x = 4$
⑥ $(6 + x) \div 3 = 4, x = 6$

53 ① 1600원 ② 15장 ③ 16명 ④ 6권 ⑤ 4개
⑥ 28일

54 ① 5권 ② 8960원 ③ 151개 ④ 16개 ⑤ 7장
⑥ 21분

55 ① 4400원 ② 5개 ③ 350원 ④ 50원
⑤ 7500원 ⑥ 275km

56 ① 4쪽 ② 600원 ③ 60g ④ 1700원
⑤ 7시 50분 ⑥ 150분

57 ① $7\frac{3}{4}$ ② $1\frac{11}{15}$ ③ $\frac{19}{20}$ ④ $3\frac{1}{30}$ ⑤ 2 ⑥ 1

58 ① $5\frac{1}{2}$ ② $1\frac{4}{5}$ ③ $4\frac{1}{4}$ ④ $2\frac{13}{15}$ ⑤ $1\frac{3}{5}$ ⑥ $3\frac{4}{15}$

59 ① $\frac{109}{120}$ ② $2\frac{7}{10}$ ③ $3\frac{1}{3}$ ④ $\frac{13}{50}$ ⑤ $2\frac{2}{3}$ ⑥ $5\frac{3}{20}$

60 ① $24\frac{7}{10}$ ② $2\frac{1}{10}$ ③ $\frac{2}{35}$ ④ 9

연습 **1** ① $\frac{13}{16}$ ② $\frac{1}{4}$ ③ 0 ④ $1\frac{3}{10}$ ⑤ $\frac{5}{8}$ ⑥ $\frac{5}{18}$
⑦ $\frac{3}{14}$

연습 **2** ① $1\frac{1}{28}$ ② $\frac{13}{36}$ ③ $\frac{11}{12}$ ④ $\frac{11}{12}$ ⑤ $\frac{2}{3}$ ⑥ $1\frac{11}{30}$
⑦ $\frac{43}{48}$

연습 **3** ① 98.7 ② 111.8 ③ 93.6 ④ 46.8 ⑤ 45.88
⑥ 24.05 ⑦ 50.74 ⑧ 40.95 ⑨ 3.358 ⑩ 4.779
⑪ 1.736 ⑫ 3.36

연습 **4** ① 83.7 ② 270 ③ 89.6 ④ 322 ⑤ 13.77
⑥ 30.6 ⑦ 45.82 ⑧ 15.12 ⑨ 1.173 ⑩ 3.066
⑪ 7.735 ⑫ 3.822

연습 **5** ① $1\frac{1}{15}$ ② $\frac{3}{20}$ ③ $\frac{3}{5}$ ④ $\frac{3}{4}$ ⑤ $3\frac{3}{10}$ ⑥ $\frac{2}{3}$
⑦ $1\frac{2}{7}$ ⑧ $\frac{1}{35}$ ⑨ $\frac{7}{10}$ ⑩ $1\frac{2}{7}$ ⑪ $\frac{6}{7}$

연습 **6** ① $\frac{7}{9}$ ② $\frac{3}{26}$ ③ $6\frac{3}{4}$ ④ $\frac{1}{2}$ ⑤ $1\frac{1}{20}$ ⑥ $2\frac{2}{7}$
⑦ 11 ⑧ $\frac{3}{25}$ ⑨ $3\frac{1}{3}$ ⑩ $\frac{1}{12}$ ⑪ $40\frac{1}{3}$

연습 **7** ① 3.75…0 ② 3.77…0.007 ③ 6.62…0.004
④ 2.47…0.007 ⑤ 6.33…0.005 ⑥ 2.33…0.009
⑦ 2.2…0.01 ⑧ 1.14…0.032 ⑨ 1.83…0.033

연습 **8** ① 2.71…0.0003 ② 7.25…0 ③ 1.5…0
④ 1.51…0.0038 ⑤ 0.39…0.0025
⑥ 0.19…0.0018 ⑦ 2.01…0.0194
⑧ 1.26…0.0054 ⑨ 0.6…0.01

~ 수고하셨습니다. ~

메모 하세요!

계산력 완성 !!!
스스로 하루를 준비하는 아침5분수학